Renate Zimmer / Fredrik Vahle

Ping Pong Pinguin
Spiel- und Bewegungslieder

Renate Zimmer / Fredrik Vahle

Ping Pong Pinguin

Spiel- und Bewegungslieder
zur psychomotorischen Förderung

Herder Freiburg · Basel · Wien

Die Tonträger zu diesem Buch sind im
Patmos-Verlag, Düsseldorf, erschienen.
MC 3-491-87017-8
CD 3-491-88763-1

Gedruckt auf umweltfreundlichem,
chlorfrei gebleichtem Papier

Umschlaggestaltung: Dietmar Prill
Umschlag- und Textillustrationen: Kerstin Tieste, Osnabrück
Notensatz: Nikolaus Veeser, Freiburg

1. Auflage

© Verlag Herder Freiburg im Breisgau 2000
Satz: Barbara Herrmann, Freiburg
Druck und Bindung: Freiburger Graphische Betriebe 2000
ISBN 3-451-26782-9

Inhalt

Einführung

Gespenster, die nach wildem Mitternachtstanz in tiefen Schlaf sinken, Montagsmonster, die träge und lustlos vor der Glotze hängen, unbeholfen watschelnde Pinguine und langsame Schnecken, die nicht vom Fleck kommen: die in diesem Buch beschriebenen Akteure haben ihre individuellen Besonderheiten, ihre Stärken und Schwächen. Nicht immer geht es harmonisch und konfliktlos zu, aber die Spielsituationen zeichnen sich dadurch aus, dass sie Gelegenheiten bieten, Konflikte zu lösen und die eigenen Fähigkeiten zu entdecken.

So verfliegen Langeweile und Überdruss des Montagmonsters beim Hip-Hop-Tanz, die Pinguine lernen fliegen, tanzen und balancieren, die Schnecke erreicht beharrlich ihr Ziel. Von den Spielgestalten gehen Spaß und Lebensfreude aus, die schnell ansteckend wirken.

1.1 Bewegung, Sprache, Musik – elementare Ausdrucksformen des Kindes

Jüngere Kinder gehen noch ganz selbstverständlich mit Musik, Sprache und Bewegung um. Bewegung ist für sie zugleich Ausdruck ihrer emotionalen Befindlichkeit und Mittel zur Erschließung der Welt. Die eigenen Bewegungen begleiten sie sprachlich oder mit Geräuschen, Musik setzen sie unmittelbar in Bewegung um.

Mit zunehmendem Alter geht diese Unmittelbarkeit dann immer mehr verloren – sofern nicht regelmäßig Gelegenheiten zum Üben und Erproben vorhanden sind. Institutionen wie Kindergarten und Grundschule sollten es sich daher zur Aufgabe machen, die Fähigkeiten der Kinder, sich über Körper und Bewegung auszudrücken und mitzuteilen, zu kultivieren, zu pflegen bzw. zu erhalten. Spiel und Bewegung gehören zu den elementaren Ausdrucksformen des Kindes. Das Sich-Bewegen ist eine eigenständige Art und Weise menschlicher Weltbegegnung und Welterfahrung. In und durch Bewegung gewinnt das Kind ein Bild von sich selbst, es erhält Rückmeldung über die eigenen Fähigkeiten, über seine Stärken und Schwächen. Es lernt seine Fähigkeiten einzuschätzen und auch, sich mit anderen auseinanderzusetzen. Auf Grund der weit reichenden Bedeutung, die Körper- und Bewegungserfahrungen für das Selbstwertgefühl des Kindes haben, ist es unabdingbar, ihm auch vielfältige Gelegenheiten zu geben, seine eigenen Fähigkeiten zu erproben und zu erweitern. In keinem anderen Gebiet kann es so wirkungsvolle Erfahrungen machen, wie z. B. die, dass die eigene Anstrengung Veränderungen zur Folge haben kann, dass es selbst der Verursacher von Wirkungen ist.

1.2 Die Themen – Auswahl und Inhalte

Die für dieses Buch ausgewählten Bewegungslieder, Spielideen und Tanzvorschläge können als Impuls für das Spielen, Singen und Tanzen mit Kindern dienen. Sie greifen Themen auf, die aus der vertrauten Alltagswelt der Kinder stammen, die aber auch ihre Träume und Wünsche ansprechen und sie in neue Rollen schlüpfen lassen. So wie der Pinguin die Kinder zu Spiel, Bewegung und Tanz auffordert, so regen auch die anderen Spielgestalten des Buches zum Experimentieren und Spielen mit den eigenen Bewegungs- und Ausdrucksmöglichkeiten an, gleichzeitig setzen sie Reflexions- und Bewusstseinsprozesse in Gang.

Da geht es z. B. um „Starksein": Sind es die Muskeln, die einen Menschen stark machen, ist es seine Körpergröße? Und können auch kleine, schwächere Kinder richtig stark sein?

Oder es geht um das Thema „Wut". Wütend war doch jeder schon einmal: Wo ist denn eigentlich die Wut, wenn man wütend ist? Die Wut spürt man innerlich, aber woran erkennt man sie äußerlich? Und was kann man tun, wenn einen die Wut so richtig überrennt?

Gefühle – negative wie positive – werden angesprochen, körperlich-motorisch zum Ausdruck gebracht und können auf diese Weise im Spiel bearbeitet werden.

Das unterstützen Spiel- und Bewegungsvorschläge, insbesondere aber Spiellieder, die gesungen, gehört, in Bewegung umgesetzt und mit komplexeren Spielszenen verbunden werden können. Die Themen der Spiel- und Bewegungslieder stammen aus dem Alltag der Kinder, aber auch aus ihrer Fantasiewelt: einen Indianer haben sie zwar noch nie in der Wirklichkeit gesehen, sie verbinden mit der Indianerrolle jedoch das Gefühl von Stärke und Mut. Ein Indianer muss seinen Körper beherrschen und sich sehr geschickt bewegen können: lautlos schleichen, vorsichtig balancieren und behände klettern. Um Spuren von Tieren oder von Feinden zu finden, ist es wichtig, mit Hilfe seiner Sinne die Umwelt sehr genau wahrzunehmen. So werden beim Indianerspiel die motorischen Fähigkeiten geschult, die Sinneswahrnehmung geschärft und Vertrauen in die eigenen Fähigkeiten aufgebaut.

Die zu den einzelnen Themen beschriebenen Spielideen sollen dazu beitragen, Kindern – wie oben beschrieben – Ausdrucksmöglichkeiten für ihre Gefühle zu geben, die Wahrnehmung des eigenen Körpers zu unterstützen, die Mittel der Körpersprache zu entdecken, das soziale Miteinander zu fördern und im Spiel die eigenen Fähigkeiten zu erweitern.

Es sind vorwiegend Symbol- und Rollenspiele, die hier angeregt werden. Sie ermöglichen eine individuelle Sinngebung und Deutung. Häufig haben gerade die Spiele eine symbolische Bedeutung, bei denen Erlebnisse des Kindes, seine Erinnerungen und Vorstellungen eine wichtige Rolle spielen. Das Kind spielt Erlebtes nach, arbeitet es – meist unbewusst – auf. Gleichzeitig bieten die Symbol- und Rollenspiele auch die Gelegenheit, Handlungsalternativen auszuprobieren. Die Kinder ahmen nicht nur die Rollen der Fantasiefiguren, der Tiere oder Gestalten nach, sie identifizieren sich auch mit der übernommenen Rolle. Sie *sind* tollpatschige Pinguine, Furcht erregende Gespenster oder mutige Drahtseilartisten. Die Rollen und Spielsituationen werden mit körperlichen und gestischen Mitteln zum Ausdruck gebracht und bieten so auch die Gelegenheit zum Erproben von Verhaltensweisen, die sich das Kind in der Realität kaum zutrauen würde.

1.3 Zur Methode der Vermittlung

Spiel und Bewegung vermitteln Kindern die Erfahrung sinnhaften Tuns. Auf die Gestaltung der Spiel- und Bewegungssituationen sollten sie daher auch Einfluss haben und sich aktiv an ihrem Arrangement beteiligen können.

Bei der Realisierung der Bewegungsspiele kann es aus diesem Grund auch weniger um das Einüben vorgegebener, festgelegter Schrittfolgen oder Bewegungsformen gehen, sondern mehr um die Entwicklung von Improvisationen, die bei jeder Wiederholung anders aussehen können. An die Stelle der Nachahmung tritt die eigene Interpretation, die eigene Definition und Ausgestaltung der Rolle.

Auch bei den Tanzbeschreibungen kommt es daher weniger darauf an, dass die Kinder die Bewegungen genau ausführen oder feste Raumwege einhalten. Entscheidend sind vielmehr die jeweiligen Bewegungseinfälle der Kinder, die Art und Weise, wie sie die Themen in ihr eigenes Spiel integrieren und weiterentwickeln, wie sie sie also zu *ihren* Themen mit einer *eigenen* Deutung machen.

So können die Kinder aus den vorgegebenen Spielvorschlägen neue, eigene Ideen entwickeln, Bekanntes verändern, Unbekanntes entdecken.

Die Spiellieder stellen meist kleine Geschichten dar. Sie regen die Fantasie der Kinder an, können Einstieg in Spielszenen sein, aber auch als krönender Abschluss einer Spielsequenz zu einem bestimmten Thema verwendet werden. Manchmal kann sich sogar eine kleine szenische Aufführung daraus entwickeln. Das Zirkuslied „Vorhang auf …" eignet sich zum Beispiel für die Präsentation vor einem Publikum, den Eltern oder anderen Kindergruppen. Dies ist jedoch eher ein Nebeneffekt, der sich aus der Spielidee ergeben kann. Insgesamt handelt es sich eher um Mitmachlieder, deren Texte die Kinder sogar verändern und auf ihre individuelle Situation übertragen können.

Die Spiellieder sollten häufiger wiederholt werden, damit sie sich zu Ritualen entwickeln können. So kann z. B. das „Begrüßungslied aus Nupitanien" am Morgen beim Einstieg in die Gruppenaktivitäten oder in der ersten Schulstunde gesungen und gespielt werden, ebenso kann es bei Festen, an denen auch die Eltern teilnehmen, zur Begrüßung eingesetzt werden.

Der Aufbau der einzelnen Kapitel erfolgt nach folgendem Schema:

- Zunächst wird das Thema unter folgenden Gesichtspunkten erläutert: Welche Bedeutung hat es für Kinder? Wie trägt es dazu bei, ihre Entwicklung zu fördern?
- Anschließend werden Spielideen als Einstieg in das Thema beschrieben.
- Im Mittelpunkt steht dann ein Spiellied, in dem die Thematik aufgegriffen und zum Gegenstand einer rhythmisch-musikalischen Spielsequenz gemacht wird.
- Die Lieder enthalten meist bereits im Text Spiel- und Bewegungsimpulse; die begleitende Spielbeschreibung bietet hierzu konkrete Bewegungsvorschläge. Diese reichen von Improvisationsideen, die viel Raum für individuelle Gestaltungsmöglichkeiten geben, bis hin zu Beispielen für die Gestaltung einer Tanzform, was allerdings nur bei einigen Spielideen möglich ist. Sachinformationen sind nur dort enthalten, wo sie den Zugang zu dem Thema unterstützen oder aber Kindern eine Spielfigur besonders nahe bringen sollen.
- Die beiden letzten Kapitel zu den Themen „Zirkus" und „Indianer" stellen Beispiele für längerfristig angelegte Projekte dar. Hier reicht der Gestaltungsspielraum von der spontanen Spielidee der Kinder, die aus einem situativen Anlass entstehen kann, bis hin zu Präsentationen vor Eltern und weiterer Öffentlichkeit (z. B. Zirkusvorstellung).

Von fliegenden und tanzenden Pinguinen – Wie selbst ein Tolpatsch tanzen lernt

2

2.1 Bedeutung des Themas

Tiergestalten regen Kinder zu Bewegungsspielen an: Watscheln wie ein Pinguin, springen wie ein Känguru, kriechen wie eine Schlange, hüpfen wie ein Frosch und klettern wie ein Affe – jedes Tier bewegt sich anders, was Kinder gerne nachahmen. Dabei können komplexe Spielhandlungen entstehen, bei denen sie ihre körperlichen Fähigkeiten und Ausdrucksformen auf vielfältige Weise erproben. Darüber hinaus entstehen aber auch Spielszenen, die die Fantasie und Kreativität der Kinder herausfordern und die Aktivitäten in der Gruppe unterstützen.

Ein Tier ganz besonderer Art ist der Pinguin.
Fast jedes Kind kann sich einen Pinguin vorstellen. Auch wenn die meisten Kinder Pinguine nur aus dem Fernsehen kennen oder in Bilderbü-

chern gesehen haben, weiß sicher das eine oder andere Kind, wie sie sich bewegen: mit watschelndem Gang, die Arme zur Seite gestreckt – so ahmen sie den typischen Pinguingang nach. Wenn Kinder in der Gruppe sind, die etwas schwerfälliger in ihren Bewegungen sind, macht das gar nichts, denn auch Pinguine bewegen sich schwerfällig.

Um Kindern die Figur des Pinguins näher zu bringen, sie mit seiner besonderen Lebensweise vertraut zu machen, kann es hilfreich sein, ihnen Sachinformationen, die natürlich in einer kindgemäßen Form aufgearbeitet sein müssen, zu geben.
Aus diesen Informationen über die Lebensart der Pinguine können sich dann auch neue Spielideen entwickeln.

13

2.2 Wissenswertes über Pinguine

Es gibt viele verschiedene Pinguinarten. Die größte und bekannteste Art ist der Kaiserpinguin. Er lebt auf dem Packeis der Antarktis bei Temperaturen bis zu $-20°$ C.

Wenn der Pinguin über das Eis watschelt und mit den „Flügeln" rudert, sieht er sehr komisch aus. Auf dem Land wirkt er ungelenk und plump, auf glatten eisigen Hängen aber legt er sich auf den Bauch und kann sehr geschickt „schlittern". Obwohl er zur Gattung der Vögel gehört, kann er nicht fliegen, im Wasser ist er dagegen sehr wendig und flink. Seine „Flügel" sind steif und paddelförmig. Unter Wasser kann er kräftig damit schlagen, so dass er beim Schwimmen schnell vorankommt.

Pinguine leben sehr gesellig. Sie treten immer in großen Kolonien und in Paaren auf. Um bei den tiefen Temperaturen überleben zu können, besitzt der Kaiserpinguin ein dickes Federkleid mit einem Dutzend Federn pro Quadratzentimeter. Auch seine Körperform ist der eisigen Antarktis sehr angepasst. Im Verhältnis zu seiner Körpergröße hat er nur eine kleine Oberfläche, so dass wenig Körperwärme nach außen verloren geht.

Eine dicke, isolierende Speckschicht sorgt für eine zusätzliche Energiereserve. Um zusätzlich Wärme zu speichern, drängen sich die Pinguine eng in Gruppen aneinander.

Die Pinguine leben zu zweit. Im antarktischen Winter – zwischen Mai und Juni – legt das Pinguin-Weibchen ein einziges Ei. Die Eltern bauen kein Nest, weil es hierfür in der Antarktis so gut wie kein Material gibt. Um das Ei vor Kälte zu schützen, balancieren die Pinguineltern es auf dem Fuß und halten es so warm.

Dabei wechseln sich Pinguinmännchen und -weibchen ab. Jedes Mal, wenn ein Elternteil das Ei an den Partner übergibt, vollziehen die beiden ein Ritual, indem sie die Schnäbel nach unten halten und rufen. Das Weibchen kehrt danach zum Meer zurück und überlässt es dem Männchen, das Ei weiter auszubrüten. Das Männchen brütet etwa 40 bis 50 Tage lang. Es schützt das Ei vor der eisigen Kälte in einer Hautfalte, die von seinem Bauch hinunterhängt.

Das Weibchen kehrt kurz vor dem Ausschlüpfen des Jungen zurück. Es übernimmt die letzten Bruttage und beschützt das Pinguinküken dann etwa 40 Tage lang.

Im Gegensatz zu den schwerfälligeren Kaiser- und Königspinguinen ist der „Goldschopfpinguin" (er heißt so wegen eines Büschels goldgelber Federn über den Augen) kleiner und leichter und deswegen auch geschickter. Er hüpft über Eisfelder, Schnee und Felsen und schlittert auf dem Bauch über glatte Schneefelder.

Allen Pinguinen ist gemeinsam, dass sie nur ganz wenige Eier (eins bis maximal zwei) legen und ausbrüten. Sind die jungen Küken dann einige Wochen alt, schließen sie sich in Gruppen (einer Art Kindergarten) zusammen.

2.3 Spielideen für „kleine Pinguine"

Die Rolle des Pinguins kann zu vielfältigen Spielen animieren. Aus dem unbeholfen scheinenden, watschelnden Pinguin wird ein fliegender, schwimmender, tanzender Riesenvogel, der die Kinder zu Kreis-, Tanz- und Rollenspielen einlädt.

„Eisschlittern"

Auf dem ewigen Eis, wo die Pinguine leben, rutschen die Pinguinkinder oft aus, wenn sie ihre ersten Gehversuche machen. Also heißt es erst einmal rutschen und schlittern üben.
Die Kinder ahmen dies nach – mit einem Staubtuch unter den Füßen oder auf Socken. Der Gruppenraum oder der Flur werden zu einer großen Eisfläche, auf der gerutscht und geschlittert werden darf.

„Eierlaufen"

Im Pinguinkindergarten spielen die Pinguine Eiertransport – so wie es ihre Eltern mit den richtigen Eiern machen: Auf einem Löffel wird ein Ei (ein Gipsei) transportiert. Als besondere Schwierigkeit versuchen sie, damit eine Hindernisbahn zu überwinden.

„Balancier-Kunststücke"

Leichter als ein Ei ist ein Sandsäckchen zu transportieren und zu balancieren. Es rollt nicht so leicht weg, deswegen werden die Kunststücke der Kinder auch waghalsiger. Sie sollen versuchen,
– das Sandsäckchen auf dem Fuß zu balancieren,
– das Sandsäckchen von einem Kind an ein anderes weiterzugeben – möglichst ohne dass das Säckchen auf den Boden fällt,
– das Sandsäckchen zu einem anderen Ort zu tragen (das Ei soll zu einem besseren Nistplatz gebracht werden),
– das Sandsäckchen mit den Füßen hoch in die Luft zu werfen und es mit den Händen aufzufangen.

„Eisschollenspringen"

Auf einer Eisscholle balancieren, von Scholle zu Scholle springen, das sind Kunststücke, für die man viel Geschicklichkeit und Gefühl für das Gleichgewicht braucht. Dies üben die Pinguinkinder: Aus Bierdeckeln oder Teppichfliesen wird auf dem Boden eine Balancierstrecke gelegt; sie stellen die Eisschollen dar, über die die Pinguine zu balancieren versuchen. Ziel ist es, den ganzen Raum zu durchqueren, ohne einmal ins „Wasser" gefallen zu sein.

„Ich bin der Kaiser"

Der Kaiserpinguin hat einen Hut oder einen Tennisring, den er sich als Krone aufsetzt.

Der Kaiserpinguin darf angeben, in welcher Form sich alle anderen Pinguine bewegen. Er spricht dazu: „Ich bin der Kaiser und in meinem Kaiserreich springen alle Pinguine auf einem Bein". Alle Mitspieler müssen nun diese Bewegungsform so lange ausführen, bis der Kaiserpinguin seine Krone an einen anderen weitergibt. Damit übernimmt dieser die Kaiserrolle und denkt sich eine neue Bewegungsform aus, z. B.:

– auf allen vieren kriechen,
– rückwärts gehen,
– wie ein Hampelmann springen,
– ganz schnell rennen,
– ganz leise schleichen.

2.4 Der Pinguin lernt tanzen

Selbst ein schwerfälliger Pinguin kann tanzen lernen. Wie das geht, zeigt das folgende Lied.

Die Kinder hören das Lied vom Pinguin, der seine Füße entdeckt und nun nicht mehr watschelt und daherschlurft, sondern sogar schweben und tanzen kann. Am besten kann der Pinguin seine Füße spüren, wenn er barfuß ist.

Ping Pong Pin - gu - in, ich wat - schle durch die Welt.

Ping Pong Pin - gu - in, weil mir das so ge - fällt.

1. Ping Pong Pinguin,
   ich watschle durch die Welt.
   Ping Pong Pinguin,
   weil mir das so gefällt.

Die Pinguine watscheln auf der Stelle, treten von einem Fuß auf den anderen, dabei breiten sie ihre „Flügel" aus (die Arme hängen lassen und die Hände angewinkelt seitwärts halten).

2. Ping Pong Pinguin,
ich schlurfe so dahin.
Ping Pong Pinguin,
weil ich so traurig bin.

Die Pinguine schlurfen durch den Raum; sie bekommen ihre Füße kaum vom Boden hoch.

3. Ping Pong Pinguin,
ich spüre meine Zehn.
Ping Pong Pinguin,
jetzt kann ich besser gehn.

Jetzt beginnen die Pinguine beim Gehen auf ihre Füße zu achten, sanft setzen sie sie auf der Erde auf und erfühlen dabei mit den Fußsohlen den Boden.

4. Ping Pong Pinguin,
ich schwebe fast dahin.
Ping Pong Pinguin,
wie eine Königin.

Sie breiten die Arme aus und fangen an zu „schweben".

5. Ping Pong Pinguin,
wer hätte das gedacht?
Ping Pong Pinguin,
die Füße sind erwacht.

Den Pinguinen gelingt es zu springen.

6. Ping Pong Pinguin,
jetzt kann ich sie verstehn.
Ping Pong Pinguin,
sie wollen tanzen gehn.

Zum Schluss drehen sie sich im Kreise um die eigene Achse.

Variation
Das Lied kann auch in Kreisaufstellung getanzt werden.

1. Ping Pong Pinguin,
ich watschle durch die Welt.
Ping Pong Pinguin,
weil mir das so gefällt.

Die Kinder stehen auf der Kreislinie und „watscheln" auf der Stelle.

2. Ping Pong Pinguin,
   ich schlurfe so dahin.
   Ping Pong Pinguin,
   weil ich so traurig bin.

   Alle gehen auf der Kreislinie seitwärts
   (evtl. übertriebenes „Schlurfen")

3. Ping Pong Pinguin,
   ich spüre meine Zehn.
   Ping Pong Pinguin,
   jetzt kann ich besser gehn.

   Alle gehen vorwärts in die Mitte des
   Kreises.

4. Ping Pong Pinguin,
   ich schwebe fast dahin.
   Ping Pong Pinguin,
   wie eine Königin.

   Alle breiten die Arme aus und hüpfen
   seitwärts auf der Kreislinie.

5. Ping Pong Pinguin,
   wer hätte das gedacht.
   Ping Pong Pinguin,
   die Füße sind erwacht.

   Alle drehen sich um die eigene Achse.

6. Ping Pong Pinguin,
   jetzt kann ich sie verstehn.
   Ping Pong Pinguin,
   sie wollen tanzen gehn.

   Jeweils zwei Kinder fassen sich an den
   Händen und drehen sich gemeinsam.

Das folgende Lied kann zu den Noten des Pinguinliedes auf Seite 18 gesungen werden. Ein Kind beginnt, den Pinguin zu imitieren und die angegebenen Bewegungen auszuführen, während die anderen Kinder singen. Bei der zweiten Strophe kommen weitere Kinder dazu, ebenso bei der dritten, so dass zum Schluss alle mitmachen.

Ein kleiner Ping Pong Pinguin

1. Ein kleiner Ping Pong Pinguin
   rief: „Schaut mich alle an,
   weil ich als Ping Pong Pinguin
   schon sehr gut watscheln kann."

2. Ein kleiner Ping Pong Pinguin
   tat sich bedächtig wiegen.
   Ein kleiner Ping Pong Pinguin,
   der wollte auch mal fliegen.

3. Ein kleiner Ping Pong Pinguin
   nahm Anlauf, sauste los,
   und platsch, fiel er ins Wasser rein,
   sein Schreck war riesengroß.

4. Ein kleiner Ping Pong Pinguin
   ist einfach drin geblieben.
   Ein kleiner Ping Pong Pinguin
   konnt' unter Wasser fliegen.

5. Ein kleiner Ping Pong Pinguin
   tat garnichts andres brauchen.
   Er wackelt mit den Flügeln und
   konnte sehr tief tauchen.

6. Ein kleiner Ping Pong Pinguin
   sprang wieder raus, und dann,
   dann rief er: Gell, da staunt ihr sehr,
   was ich schon alles kann!

Der Pinguin-Song

In dem folgenden Lied werden verschiedene Fortbewegungsformen wie gleiten, hüpfen, „watscheln" erprobt. Dies kann in freier Aufstellung mit improvisierten Bewegungen erfolgen, es kann jedoch auch eine kleine Tanzform daraus entstehen; dabei stellen sich die Kinder im Kreis auf und führen die Bewegungen in der wie folgt beschriebenen Art aus:

1. Pinguine watscheln, watscheln,
   hier herum im Kreis.
   Pinguine watscheln, watscheln,
   watscheln übers Eis.

   Die Kinder stehen im Kreis und treten mit herabhängenden Armen und abgewinkelten Händen von einem Fuß auf den anderen.

2. Pinguine hüpfen, hüpfen,
   hier herum im Kreis.
   Pinguine hüpfen, hüpfen,
   hüpfen über's Eis.

   Im Seitgalopp nach rechts hüpfen.

3. Pinguine gleiten, gleiten,
   hier herum im Kreis.
   Pinguine gleiten, gleiten,
   gleiten über's Eis.

   Tiefes, gleitendes Gehen, dabei die Füße kaum vom Boden heben.

4. Pinguine stehen, stehen,
   stehen auch mal still.
   Wackeln mit den Flügeln, weil
   keiner frieren will.

   Stehenbleiben und die seitwärts abge-winkelten Arme hin und her bewegen.

5. Pinguine hopsen, hopsen,
   hopsen Seit an Seit,
   hopsen schnell im Kreis herum,
   kriegen manchmal Streit.

   Schnelles Hüpfen seitwärts auf der Kreislinie.

6. Pinguine nehmen, nehmen
   sich jetzt bei der Hand.
   Watscheln nun zu zweit umher,
   machen sich bekannt.

   Jeweils zwei Kinder fassen sich an den Händen, „watscheln" zu zweit durch den Raum.

In der Pferdeschule –
Vom Führen und Sichführenlassen

3

3.1 Bedeutung des Themas

Im folgenden Kapitel steht die Interaktion zwischen den Kindern im Vordergrund. Zwar geht es auch hier um die Variation der Grundbewegungsformen Gehen, Laufen, Hüpfen – in die Pferdesprache übersetzt heißen sie Gehen, Traben, Galoppieren. Diese werden jedoch gemeinsam mit einem Partner ausgeführt, so dass die Anpassung der eigenen Bewegung an die Fähigkeiten des anderen als besondere Anforderung hinzukommt.

Die Spielidee „Pferde und Kutscher" beinhaltet Rollen des Führens und Geführtwerdens, sie lässt den Wechsel von Dominanz und Unterlegenheit zu, wobei das Oberthema „Pferdeschule" bereits deutlich macht, dass diese Rollen und Aufgaben zuerst noch gelernt werden müssen. Es ist also ganz selbstverständlich und gehört mit zum Spiel, wenn ein Pferd noch nicht so richtig „gezähmt" ist, wenn es als Kutschpferd ausreißt und alleine umhertraben will.

Auch der Kutscher kann in der „Pferdeschule" lernen, wie man ein Pferd mit Hilfe der Zügel lenkt und wie man ihm über die Zügel Befehle gibt. Beide Spielpartner üben sich so in ihrer kinästhetischen Wahrnehmung, d. h. in ihrer Fähigkeit zur differenzierten Wahrnehmung von Bewegungen.

Die soziale Interaktion beginnt schon bei der Auswahl eines Partners: Das Pferdchen benötigt einen Kutscher, der Kutscher sucht sich ein Pferd. Bereits dieses aktive Zugehen auf einen anderen bereitet einigen Kindern Schwierigkeiten. Manchmal muss sich die Erzieherin deswegen als Spielpartner anbieten, und eventuell hat sie dann auch mehrere Kutschpferde, die sie lenken muss.

Die Rollen von Kutscher und Pferd sind nicht gleichrangig: Der Kutscher darf lenken, er führt das Pferd, aber das Pferd muss sich auch darauf einlassen und die Signale, die durch die

Zügel (Seile oder Reifen) gegeben werden, erkennen und darauf reagieren. Manchmal übernimmt aber auch das Pferd die Führung und gibt dem Kutscher Tempo, Gangart und Richtung vor.

Die folgenden Spielideen beinhalten daher eine Reihe von Spielformen, die den Wechsel zwischen Führen und Sichführenlassen zum Thema machen. Manche Kinder wollen immer nur die dominanteren Rollen übernehmen, sie wollen den Kutscher spielen. Hier gilt es, behutsam auf die Notwendigkeit des Rollenwechsels hinzuweisen. Auch der Kutscher muss einmal in die Rolle des Pferdes schlüpfen, ebenso sollte das Pferd einmal die Zügel führen, um zu erfahren, dass das Spiel nur dann gelingt und Spaß macht, wenn beide sich aufeinander einstellen.

3.2 Spielideen für Kutscher und Pferde

Kutscher und „Pferde"

Jeweils zwei Kinder haben ein Seil oder einen Gymnastikreifen; eines spielt den Kutscher, das andere das Pferd. Reifen oder Seil stellen die Zügel dar, mit deren Hilfe der Kutscher sein Pferdchen „lenkt".

Wird ein Reifen verwendet, steht das Pferdchen im Reifen und fasst ihn in Bauchhöhe mit beiden Händen wie Pferdezügel. Der Kutscher steht außerhalb des Reifens hinter ihm und hält den Reifen (die Zügel) fest.

Wenn ein Seil verwendet wird, kann es dem Pferdchen um den Nacken gelegt und unter den Armen nach hinten gezogen werden. Der Kutscher hält die beiden Seilenden wie Zügel in der Hand.

„Gangarten"

Pferde kennen verschiedene Gangarten: Schritt, Trab und Galopp. Pferdchen und Kutscher gehen, traben, galoppieren und wechseln immer wieder die Gangarten. Dabei kann mal das Pferdchen, mal der Kutscher den Befehl dazu geben. Am einfachsten gelingt der Wechsel, wenn die Erzieherin durch Klatschen oder durch ein Tamburin den Rhythmus vorgibt.

„Paargalopp"

Zwei Kinder galoppieren, hüpfen, laufen gemeinsam, dabei muss sich der Kutscher an die Bewegungen seines Pferdchens anpassen. Wenn es galoppieren möchte, muss auch der Kutscher galoppieren.

Der Kutscher darf das Pferdchen antreiben, indem er den Reifen oder das Seil leicht auf- und abbewegt. Das Pferdchen muss darauf achten, dass es seinen Kutscher nicht verliert. Beide müssen sich erst einmal aufeinander einstellen, damit sie ein gemeinsames Bewegungstempo und einen gemeinsamen Rhythmus entwickeln.

Die Rollen „Kutscher" und „Pferd" sollten mehrfach gewechselt werden.

„Richtungen"

Der Kutscher gibt die Richtung an, in die das Pferdchen gehen oder laufen soll. Zieht er das Seil/den Reifen leicht nach rechts, muss das Pferdchen eine Rechtskurve einschlagen.

Nicht immer gehorcht das Pferdchen, manchmal „bockt" es auch und springt wütend hin und her.

„Hindernisspringen"

Im Raum sind einfache, niedrige Hindernisse (Schaumstoffteile, Tücher oder Zeitungen, Teppichfliesen) ausgelegt. Pferdchen und Kutscher überspringen die Hindernisse oder reiten um sie herum.

3.3 Spiellied „Mein Zockelpferdchen"

All diese Szenen und Situationen sind in dem folgenden Lied vom „Zockelpferdchen" beschrieben. Wenn man dem Text aufmerksam lauscht, kann man die besungenen Situationen mitspielen. Anfangs ist es allerdings leichter, wenn die einzelnen Strophen vorgelesen werden und die Kinder Möglichkeiten finden, wie sie die im Text beschriebenen Ereignisse mit ihren Partnern umsetzen. Für Kinder ist es besonders schön, dass das Pferdchen nicht immer gehorchen muss. In der vierten Strophe „bockt" es, widersetzt sich den Befehlen des Kutschers, aber es lässt sich auch wieder von ihm beruhigen.

1. Komm, mein liebes Zockelpferdchen,
   komm, wir gehen los.
   Hoppendop und im Galopp,
   die Welt ist riesengroß.

*Kutscher und Pferdchen gehen gemein-
sam durch den Raum.*

Ritiratatum, so gehen wir herum.
Ritiratatum, so gehen wir herum.

2. Und wir laufen schneller
   durch die Wiesen, durch die Felder.
   Ja, mein liebes Zockelpferdchen
   läuft so wie ich selber.

*Kutscher und Pferdchen steigern das
Tempo, sie laufen.*

Ritiratatum, so laufen wir herum.
Ritiratatum, so laufen wir herum.

3. Achtung, stopp, jetzt links herum
   und rechts herum, zack, zack!
   Ach, du alter Zottelgaul,
   dich krieg' ich schon auf Trab.

*Richtungswechsel nach links und rechts,
der Kutscher zieht entsprechend an den
Zügeln.*

Achtung und rechts herum,
dich krieg' ich schon herum.
Achtung und rechts herum,
dich krieg' ich schon herum.

4. Doch was ist nur los?
   Mein Zockelpferdchen will nicht
   mehr.
   Und es bockt und ärgert sich,
   springt wütend hin und her.

*Das Pferdchen „bockt", bleibt stehen,
springt in verschiedene Richtungen.*

Nix mit Ratatum,
es stampft und schnaubt herum.
Nix mit Ratatum,
es stampft und schnaubt herum.

Das Pferdchen stampft und schnaubt.

5. Doch ich klopf' ihm auf die
   Schulter,
   streichel' ihm die Haare;
   wiehert da mein Zockelpferdchen,
   laut wie 'ne Fanfare.

*Der Kutscher besänftigt das Pferdchen,
klopft ihm sanft auf die Schultern.*

Ritiratatum, so laufen wir herum.
Ritiratatum, so laufen wir herum.

6. Hoppendop und im Galopp,
   so geht es immer weiter,
   springt es über Stock und Stein,
   mit und ohne Reiter.

Kutscher und Pferdchen hüpfen und galoppieren.

Ritiratatum, so laufen wir herum.
Ritiratatum, so laufen wir herum.

7. Komm, mein liebes Zockelpferdchen,
   wir wolln beide traben,
   kommen wir nach Haus, sollst du
   ein gutes Fressen haben.

Tempo verringern, gemeinsam traben.

Ritiratatum, so traben wir herum.
Ritarata, ritarata, ritarata.

Sind wir endlich dann zu Haus,
ist das Zockelliedchen aus.

Entspannungsphase als Abschluss des Spiels

Abschließend legen sich alle Pferdchen auf eine sonnige Wiese und ruhen sich von dem anstrengenden Ausritt aus. Die Kutscher fächeln den Pferdchen mit einem Tuch frische Luft zu. Wer möchte, kann sich von seinem Kutscher auch „das Fell striegeln" lassen (mit dem Tuch sanft den Rücken abreiben).

Die Fahrt auf der Arche Noah – Wo müde Schnecken munter werden

4

4.1 Bedeutung des Themas

In diesem Kapitel treten viele unterschiedliche Tiere in Aktion, die zum Erproben verschiedenartiger Bewegungsformen anregen, aber auch zur Identifikation mit neuen Rollen und zur Interaktion in der Gruppe herausfordern. Wieder kommen die Tiere zunächst als einzelne Spielgestalten vor, erst im zweiten Teil werden sie in komplexere Spielszenen eingebunden.

Die Spielsituationen werden von Kindern jedoch grundsätzlich ganzheitlich erlebt: So üben und variieren sie zwar grundlegende Bewegungsfähigkeiten wie Gleichgewicht, Geschicklichkeit und Koordination, sie setzen dabei jedoch auch ihre Sprache ein (Nachahmen von Tierlauten, sich über die „Sprache" des Tieres erkennbar machen) und verbinden diese mit Gefühlsäußerungen wie Freude, Angst oder Neugierde. Sie ahmen Gesehenes nach oder erfinden neue Bewegungsmöglichkeiten, nehmen über die Bewegung Kontakt zu anderen Kindern (Tieren) auf und setzen sich mit ihnen auf spielerische Weise auseinander. Im Spiel kann man angreifen und sich verteidigen, kann siegen und unterliegen, kann nachgeben und sich durchsetzen – ohne dass dies „ernsthafte" Folgen hat.

Der starke Löwe, das wilde, ungezähmte Pferd, das Hilfe suchende Affenbaby – es ist kein Zufall, welche Rollen sich Kinder im Spiel aussuchen, mit welchem Tier sie sich identifizieren. Der Schutz der Rolle ermöglicht ihnen Verhaltensweisen, die sie sich in der Realität unter Umständen nicht zutrauen (der kleine, schwache Stefan spielt den starken Löwen), er ermöglicht ihnen aber auch, belastende Ereignisse nachzuspielen und damit auch die hier gemachten Erfahrungen zu verarbeiten.

Die folgenden Spielvorschläge geben zwar Tierrollen vor, sie lassen aber auch individuelle Interpretationen zu. Die Beispiele können durch eigene, für die jeweilige Gruppe bedeutsame Tierrollen und Spielvariationen ergänzt werden.

Bei dem Spiel „Die Arche Noah" lernen Kinder zu beobachten und ihre Aufmerksamkeit nicht nur auf sich selbst zu richten, sondern auch andere Mitspieler in ihren Verhaltensweisen wahrzunehmen. Wie sieht das Tier aus der Perspektive des anderen aus, wie wirkt man selbst vom Standpunkt des anderen aus? Sind die Bewegungsmerkmale des Tieres, dessen Rolle man übernommen hat, auch zu erkennen und richtig einzuordnen?
Was will der andere mit seinen Bewegungen und Verhaltensweisen darstellen?

4.2 Die Geschichte von der Arche Noah

Als Spielrahmen dient die biblische Geschichte von Noah und seiner Arche. Zunächst wird den Kindern die Geschichte von Noah erzählt:

Gott war ärgerlich über die bösen Taten der Menschen und er fasste den Entschluss, das Menschengeschlecht auszurotten. Retten wollte er aber Noah, einen guten Mann, der ein redliches Leben führte. Er sagte Noah, dass eine große Flut bevorstehe. Er solle eine Arche – ein großes Schiff mit drei Stockwerken und einem festen Dach – bauen für sich, seine Familie und die Tiere. Von allen Tieren, die auf dem Lande lebten, solle er ein Paar mitnehmen.
Es regnete und regnete, die Flut stieg an. Ringsum wurde alles überschwemmt. Doch die Arche wurde vom Wasser getragen und schwamm ruhig dahin. In der Arche waren große und kleine Tiere, wilde und zahme. Nach vielen Tagen ging die Flut zurück, die Arche landete auf einem Berg und bald konnten Noah und die Tiere das Schiff verlassen. Ein großer Regenbogen war am Himmel zu sehen.

Diese biblische Geschichte kann den Kindern auch als Reimgeschichte erzählt werden:

*Gott sprach zu Noah: Es kommt ein
großer Regen!
Baue eine Arche, du musst dich bewegen!
Baue sie geräumig, solide, gut vermessen!
Und wenn die Flut kommt: Die Tiere
nicht vergessen!*

*Noah sprach dankbar: Gesegnet seist
du!
Ich nehme die Ziege mit und die Kuh,
die Katze, den Hund in jedem Falle.
Da donnerte Gott: Ich meine sie alle!*

*Noah sprach: Schlange und Fledermaus?
Giraffe, Motte und Haselmaus?
Stinktier, Kaninchen und Ameisenbär?
Mein Gott, du machst es mir wirklich
schwer!*

*Ich hör' schon den Löwen, ich seh'
schon den Hasen
im Zickzack durch die Arche rasen.
Ein Tohuwabohu mit Lärmen und
Schrein.
Da kann ich ganz einfach kein Mensch
mehr sein.*

Gott sprach: Ohne Tiere bist du allein.
Dann kannst du erst recht kein Mensch
mehr sein.
Du konntest ohne die Tiere auf Erden
nie und nimmer zum Menschen wer-
den.

Du hast dich zwar von den Tieren ent-
fernt,
doch gleichzeitig hast du von ihnen
gelernt.
Vom Löwen den Mut, vom Biber das
Bauen,
vom Affen das Klettern, vom Adler das
Schauen.

Drum rette dich und rette sie!
Sonst seht ihr beide kein Land mehr,
nie!
Hol alle in deine Arche hinein!
Die Sintflut wird kommen, mach
schnell
und steig ein!

Die Flut kam gewaltig. Noah nahm alle
mit.
Keiner weiß heute, was er erlitt,
doch stoppte der Regen. Der Himmel
war heiter,
Noah dankte und das Leben ging
weiter.

4.3 Spielideen für die „Tiere der Arche Noah"

Die Geschichte Noahs bietet Anlass für eine komplexe Spielszene, die durch einfache Spiel- und Bewegungsaufgaben entstehen kann.

„Tierpartner finden"

Ähnlich wie beim Bilderlotto werden auf jeweils zwei kleine Kärtchen zwei gleiche Tiere aufgezeichnet (oder Bilder von Tieren aufgeklebt) – für ältere Kinder können auch die Tierbezeichnungen aufgeschrieben werden. Dabei sollten die Tiere so ausgewählt werden, dass sie sich durch typische Bewegungsformen auszeichnen: z. B.

- Maulwurf
- Möwe
- Tiger
- Frosch
- Klapperschlange
- Wildschwein
- Elefant
- Maus
- Pinguin
- Schnecke, etc.

Für jedes Kind der Gruppe sollte ein Kärtchen vorhanden sein. Ist die Anzahl der Kinder in der Gruppe ungerade, ist eine Tiergattung dreimal vorhanden (Tierfamilie: z. B. Froschvater, Froschmutter, Froschkind).

Jedes Kind zieht ein Kärtchen und stellt das darauf abgebildete Tier dar. Bevor es auf Noahs Arche mitgenommen werden kann, muss es seinen Partner finden. Die Tiere dürfen sich aber nur durch ihre Bewegungen, allenfalls noch durch die Laute, die sie machen, zu erkennen geben. Welches Tier bewegt sich ähnlich wie man selber? Wie kann man mit ihm Kontakt aufnehmen und feststellen, dass es von der gleichen Art ist?

Sprechen ist nicht erlaubt – schließlich können sich die Tiere untereinander auch nur durch Laute wie grunzen, summen, quaken verständlich machen. Wenn man nicht ganz sicher ist, ob der Partner, den man gefunden hat, auch der richtige ist, muss man ihn herausfordern und typische Verhaltensmerkmale oder äußerlich sichtbare Kennzeichen finden und darstellen (beispielsweise haben Schnecken am Kopf Fühler, die mit den Händen dargestellt werden).

Wenn sich alle Paare (und eventuell die Dreiergruppe, die Tierfamilie) gefunden haben, beginnt der „Einzug" in das Schiff.

Ein Steg (z. B. eine Mattenbahn) wird aufgebaut, um den die anderen Mitspieler herumsitzen. Jeweils ein Tierpärchen bewegt sich darauf und stellt typische Bewegungs- und Verhaltensmerkmale dar. Es kann erst dann auf die Arche mitgenommen werden, wenn alle anderen Tiere erraten haben, um welche Art es sich dabei handelt (Noah muss eine Passagierliste anfertigen und will sicher gehen, dass auch wirklich immer zwei Tiere von jeder Art da sind!).

Das jeweilige Paar muss so lange seine typischen Bewegungs- und Verhaltensmerkmale zeigen, bis es richtig erkannt worden ist. Die anderen Mitspieler sollten das nicht zu schnell erraten, damit die Vorstellung nicht zu früh zu Ende ist.

Bei einer Spielvariation können die Kinder auch zu zweit eigene Tiere erfinden und darstellen. So müssen sie darüber nachdenken, welche Tiere an ihren Bewegungen zwar gut, aber nicht zu einfach zu erkennen sind.

Diese Spielidee leitet zu dem Lied „Die Arche Noah" über.

4.4 Spiellied „Die Arche Noah"

Die „Arche" ist eine große Matte oder ein auf dem Boden ausgebreitetes Schwungtuch. Zuerst werden die Tiere, die auf die Arche wollen, von allen Kindern dargestellt. Dabei ist es wichtig, dass die Kinder selbst die typischen Bewegungsmerkmale herausfinden:

- Die Biene:
  Wie bewegt sie sich, welche Geräusche macht sie? Wodurch ist sie von anderen fliegenden Insekten zu unterscheiden?

- Die Schlange:
  Hat sie Füße, hat sie Hände? Wie kommt die am Boden liegende Schlange voran? Wie kann man sie in Bewegung darstellen?

- Der Pinguin:
  Alle Kinder kennen den typischen Pinguingang: Watschelnd, dabei die Arme als Flügel zur Seite ausstrecken.

- Der Breitmaulfrosch:
  Er hüpft und springt auf allen vieren, er quakt und quakt …

- Der Bär:
  Er trottet schwerfällig, richtet sich zwischendurch einmal auf und hebt die „Tatzen", dabei sieht er gefährlich groß aus.

- Die Wildsau:
  Sie grunzt und schnaubt, läuft flink umher, hat meist die Nase auf dem Boden und wühlt in der Erde; manchmal suhlt sie sich in einer Schlammpfütze.

- Die Schnecke:
  Ganz langsam kommt die Schnecke beim Kriechen voran. Man erkennt sie vor allem an ihren Fühlern. Wenn sie auf ein Hindernis trifft, zieht sie sich eng zusammen, rollt sich ein und versteckt sich in ihrem imaginären Schneckenhaus.

Die Kinder ordnen sich den Gruppen der Tiere zu:

Jedes Kind darf selbst aussuchen, zu welcher Gruppe es gehören möchte. Allerdings sollten alle Tiere vertreten sein. Notfalls muss gelost werden, wer zu welcher Gruppe kommt; dies hat den Vorteil, dass die Gruppen gleich groß sind und dass die Gruppeneinteilung schnell erledigt ist. Andererseits kann es für Kinder viel interessanter sein, wenn sie sich das entsprechende Tier aussuchen dürfen. Zunächst hören sich alle Kinder das Lied an.

Anschließend wird das Lied nochmals gehört bzw. gesungen, die „Tiere", die im Text genannt werden, fliegen, hüpfen oder kriechen gemeinsam bis zu der großen Matte (der Arche Noah). Die schnellen Tiere können noch eine Runde durch den Raum drehen, die langsamen müssen darauf achten, dass sie nach Beendigung der Strophe auf der Matte angelangt sind. Sie setzen sich auf die Matte und warten auf die nächste Tiergruppe – bis alle auf der Matte versammelt sind. Eventuell schaffen sie es sogar, einen Kreis um die Matte herum zu bilden.

1. Wer in die Arche Noah will,
   soll eingeladen sein.
   Es sollen alle Tiere mit,
   egal, ob groß, ob klein.

   Alle Tiere laufen, springen, fliegen um den „Steg" herum.

2. Sirisum und sirisit,
   die Biene, die möchte mit.
   Sie putzt den Kopf, die Flügel auch,
   dann summt sie auf die Arche drauf.
   Sirisum und sirisit,
   die Biene – sssit – die möchte mit.

   Die Bienen „putzen" sich und setzen sich auf die Matte.

Wer in die Arche Noah will …

3. Schlingeling und schlingelitt,
   die Schlange möchte mit.
   Hat keinen Fuß und keine Hand
   und schlängelt sich durch Gras und Sand.
   Schlingeling und schlingelitt,
   die Schlange möchte mit.

   Die Schlangen liegen auf dem Boden und bewegen sich langsam voran.

Wer in die Arche Noah will …

4. Pitsch, patsch, pitsch, patsch,
   pitsch, patsch, pit,
   der Pinguin, der Pinguin, der Pinguin – der möchte mit.
   Er kommt im Watschel-Wackellauf,
   schwupp, ist er auf der Arche drauf.
   Pitsch, patsch, pitsch, patsch,
   pitsch, patsch, pit.

   Die Pinguine watscheln über den Steg; mit einem großen Satz springen sie auf die Matte.

Wer in die Arche Noah will …

5. Huppdihupp und hippendipp,
   der Breitmaulfrosch – quak quak,
   der möchte mit.
   Er hüpft heran und fühlt sich stark,
   macht's Maul auf und sagt kräftig:
   Quaaak!
   Huppdihupp und hippendipp,
   der Breitmaulfrosch – quak quak,
   der möchte mit.

Die Frösche hüpfen und springen auf allen vieren; sie quaken und können auch auf der Matte nicht ruhig sitzen bleiben.

Wer in die Arche Noah will …

6. Zotteltrott und Tatzentritt,
   na wer? Der Bär, der möchte mit.
   Er tappt auf Bärentatzen los,
   richtet sich auf – was ist er groß!
   Zotteltrott und Tatzentritt,
   na wer? Der Bär, der möchte mit.

Die Bären trotten herein, richten sich zwischendurch immer wieder auf und zeigen ihre Bärentatzen.

Wer in die Arche Noah will …

7. Trampeltrott und Trippeltritt,
die Wildsau, die möchte mit.
Sie quiekt und grunzt, mal hoch,
mal tief,
und wühlt im Wald, der Wald steht
schief.
Trampeltrott und Trippeltritt,
die Wildsau, die möchte mit.

*Die Wildsäue kommen angerannt, sie
grunzen und schnauben, haben ihre
Nasen auf dem Boden und schnüffeln
auf ihm herum.*

Wer in die Arche Noah will …

8. Gleite sanft, ganz ohne Tritt –
die Schnecke möchte mit.
Sie streckt die Fühleraugen aus,
hat alles mit, sogar ihr Haus.
Gleite sanft, ganz ohne Tritt –
die Schnecke, möchte mit.

*Die Schnecken kommen fast nicht vom
Fleck. Mit ausgestreckten Fühlern kriechen sie auf die Matte zu.*

Jetzt sind sie alle, alle da,
wer hätte das gedacht?
Und haben zusammen einen Kreis
ganz rundherum gemacht.

*Alle Tiere setzen sich im Kreis um die
Matte.*

Das Montagsmonster – Rezepte gegen die Langeweile

5.1 Bedeutung des Themas

In diesem Kapitel geht es um ein Phänomen, das Eltern und auch Kinder nur zu gut kennen, das aber selten ausgesprochen wird.

„Montags ist es am schlimmsten", berichten übereinstimmend ErzieherInnen und LehrerInnen. Jede Woche aufs Neue erleben sie die Kinder am Montagmorgen als besonders unausgeschlafen, unruhig, aggressiv. Übermäßiger Fernsehkonsum am Wochenende, lange Autofahrten, wenig kindgerechte Wochenendgestaltung durch die Eltern, Besuche bei Verwandten, bei denen man sich „gut benehmen" musste, Langeweile, weil die Eltern Ruhe brauchten. Dem Stress, der Reizüberflutung am Wochenende folgen Lautstärke, Bewegungsunruhe und Aggression am Montag. Sonntagsschäden machen sich am Montag bemerkbar: Die Probleme der Kinder und ihrer Familien am Sonntag werden zu Problemen der ErzieherInnen und LehrerInnen am Montag.

Oft spielen die Kinder am Montagmorgen Fernsehserien nach, schießen pantomimisch wild durch die Gegend, rasen schreiend umher, können mit sich selbst und den anderen nichts anfangen. LehrerInnen berichten darüber, dass sie in den ersten beiden Schulstunden kaum normalen Unterricht abhalten können. Ganz schlimm ist ein Wochenende, an dem schlechtes Wetter herrschte.

Die vielen Eindrücke und Erlebnisse wollen verarbeitet werden, häufig haben die Kinder bereits in der Nacht zum Montag mit Schlafstörungen auf den Medienkonsum des Wochenendes reagiert.

Natürliche Bedürfnisse des Kindes, z. B. das Bedürfnis nach Bewegung, nach Spiel, nach großräumigen Aktivitäten, geraten gerade am Wochenende in Konflikt mit den Erwartungen der Erwachsenen.

Aggressive Spiele sind oft ein Ausdrucksmittel für erlebten Streit, für die gestörte Kommunikation in der Familie, für Situationen, in denen die unterschiedlichen Erwartungen aneinander geraten sind. Zum Teil sind sie jedoch auch ein Abbild dessen, was die Kinder im Fernsehen gesehen haben, Abbild der vielen Eindrücke und Erlebnisse, die sie nicht verarbeiten konnten.

Bewegungsdrang lässt sich nicht aufschieben, er bedarf der unmittelbaren Befriedigung. In Bewegung drücken die Kinder aus, was an Eindrücken auf sie eingeströmt ist. Das trägt zur Verarbeitung bei. So werden am Montagmorgen Fernsehhelden zum Modell für Rollenspiele, hier verspürt man Macht, übernimmt die Rolle des Starken. Im Nachspielen werden Konflikte verarbeitet und neue Verhaltensmuster ausprobiert. Kinder können Aggressionen besser mit ihrem Körper loswerden als mit Worten.

Auch Gefühle der Langeweile und der ständigen Unterforderung werden von den Kindern meist mit einem Übermaß an Bewegung und Hektik überspielt. Je mehr Langeweile, desto mehr treten Unruhe und Bewegungsdrang auf.

Im darstellenden Spiel haben Kinder die Möglichkeit, unbewältigte Konflikte durchzuspielen, aufzuarbeiten und damit schon einen Schritt in Richtung Lösung zu gehen.

Die Fähigkeiten des Kindes zum spontanen Ausdruck in Sprache, Bewegung, Mimik und Körperhaltung können genutzt werden, um kreative Spielsituationen zu schaffen. Hier können sich Spannung und Entspannung abwechseln, im Anschluss an intensive Bewegungsaktivitäten fällt das Finden von Ruhe und Stille leichter.

5.2 Das Lied vom „Montagsmonster"

Das Lied vom „Montagsmonster" kann Tobe- und Bewegungsspiele in Gang setzen, es kann darstellendes Spielen ermöglichen und Entspannungsspiele und Ruheübungen einleiten.

Die Bewegungsfläche, der Spielraum, sollte so groß sein, dass sich die Kinder nicht gegenseitig behindern und dass sie sich möglichst ungezwungen bewegen können. Notfalls sollten Stühle und Tische auf die Seite geräumt werden, damit sich das „Monster" so richtig austoben kann.

Bei diesem Spiellied wird das Thema nicht wie bisher über einzelne, vorbereitende Spielvorschläge erarbeitet.

Das Lied sollte den Kindern zunächst als Ganzes vorgestellt und mit ihnen gemeinsam gesungen werden. Dann erst setzen die Kinder es in Bewegung um.

Das Lied beinhaltet viele Gefühle und Stimmungen, die das Kind am Wochenende erlebt (hat) oder auch in der aktuellen Situation verspürt: Langeweile; nicht wissen, was man tun soll; sich nicht zu etwas aufraffen können; ärgerlich und missmutig sein; zu nichts Lust haben; träge herumsitzen; aus Langeweile fernsehen; Chips und Süßigkeiten essen; mit anderen Streit anfangen etc.

Diese Stimmungen und Gefühle können mit den Kindern besprochen werden: Haben sie selbst Ähnliches bereits erlebt, wie gehen sie mit solchen Gefühlen um, wann treten diese Gefühle auf?

Im Anschluss an diese Reflexionsphase spielen alle das „Montagsmonster", das sich eben nicht vom Fleck rühren will, das nur herumsitzt, motzt und in den Fernsehapparat „glotzt".

Die Bewegungsformen sollten dabei möglichst nicht vorgegeben werden. Jedes Kind hat eine eigene Vorstellung davon, wie das Montagsmonster in der jeweiligen Situation aussehen könnte.

1. Das Montagsmonster wird geborn
an langen Wochenenden.
Es sitzt und frisst und glotzt und motzt,
gefangen in vier Wänden.

Zum Fressen hat's ein großes Maul
und riesig starre Augen.
Sein Hintern ist vom Sitzen platt,
sonst tut es zu nix taugen.

Du di du, duu du di du,
du du di du du du duu.

2. Das Montagsmonster hängt meist rum
und findet alles doof
und langweilig und überhaupt
kriegt es den Po nicht hoch.

Doch dann kam einer frech wie Rotz,
und der kam ungebeten,
er schüttelt es und hat ihm – au! –
auf seinen Fuß getreten.

Du di du, duu du di du,
du du di du du du duu.

3. Da sprang es Hip Hop im Quadrat,
hüpft' höher immerzu
und hoppt und hippt und hippt und hoppt,
genau wie ich und du.

Es rannte schnell wie Winnetou
und hörte gar nicht auf
und rannte um die halbe Welt
im Hip Hop Dauerlauf.

Du di du, duu du di du,
du du di du du du duu.

4. Es hüpfte und es sprang und warf
die Arme in die Luft.
Es schrie und jauchzte laut und schrill,
bis alle Wut verpufft.

Und steigt der Mond am Montag auf,
dann will das Monster schlafen.
Das Montagsmonster räkelt sich,
und dann hört man es schnarchen.

Du di du, duu du di du,
du du di du du du duu.

5.3 Spielideen für „kleine Montagsmonster"

Die Kinder probieren aus, wie sich das „Montagsmonster" darstellen lässt: träge auf einem Stuhl sitzend, mit gelangweiltem Gesicht hängt es herum und kann sich zu nichts aufraffen. Alles findet es langweilig und doof. Für die Kinder wird es nicht einfach sein, alle diese Emotionen mit ihren Bewegungen und ihrer Mimik auszudrücken. Sie sollten damit experimentieren, ausprobieren können, sich dabei auch gegenseitig beobachten, über ihre eigenen Versuche lachen, aber keineswegs andere auslachen. Ansonsten ist alles möglich, alles erlaubt. Wie das wirkliche „Montagsmonster" aussieht, weiß sowieso keiner. Mit dem Sichhineinversetzen in Gefühle, die den Kindern sicher nicht unbekannt sind, aber in ihrer Erscheinung meist nicht bewusst werden, wird die Möglichkeit der Bearbeitung gegeben.

Viel leichter fällt ihnen meist die anschließende Lösung der gelangweilten Stimmung: Aufspringen, hüpfen, die schlechte Laune aus dem Körper schütteln, rennen und wild tanzen – dadurch spüren sie, wie neue Energie in den Körper kommt, wie die Lustlosigkeit verschwindet, die Wut „verpufft".

Und schließlich: Nach intensivem Tanzen und Hüpfen fällt das Monster ermattet auf den Boden und schläft ein.

Hier kann sich eine Entspannungsphase anschließen, die die Kinder als wohltuend und beruhigend empfinden. Der Wechsel von ausdrucksvollen Körperbewegungen und Ruhephasen führt auch bei sehr unruhigen Kindern dazu, dass sie diese Momente der Stille genießen, dass sie die Entspannung nicht als von außen auferlegt, sondern als inneres Bedürfnis empfinden. Sie werden sensibel für die Wahrnehmung nach innen: Was geht in meinem Körper vor, was kann ich spüren, wenn ich in meinen Körper hineinhorche? Vorstellungsbilder unterstützen die Fähigkeit sich zu entspannen.

In einer abschließenden Übung kann auch einmal ausprobiert werden, ob das „Monster" nun auch sacht und leise und ruhig durch den Raum gehen kann, z. B. ohne andere anzustoßen, ohne Lärm zu machen.

Gerade Kinder, die einen hohen Bewegungsdrang haben, der sich – sofern sie ihm nicht nachkommen können – in Aggressionen äußert, lernen so, bewusster mit ihren Bewegungen umzugehen, sie zu steuern und zu kontrollieren. Ihre aggressiven spannungsgeladenen Gefühle konnten durch die intensive Bewegung abreagiert werden, das Bedürfnis nach Ruhe stellt sich dann oft von selber ein.

Sieger und Helden – Vom Schwach- und vom Starksein

6

6.1 Bedeutung des Themas

Stark sein, „cool" bleiben, so wie die Großen sein, nur nicht zu den kleinen Schwachen gehören – schon kleine Kinder haben solche Wünsche und sicherlich sind sie auch durch Äußerungen von Erwachsenen entstanden: „Sei kein Baby, du bist doch schon groß, lass dich nicht immer unterbuttern, hau doch einfach zurück, wenn dir die anderen etwas wegnehmen." Solche Äußerungen hören Kinder oft von ihren Eltern. So wächst in ihnen die Vorstellung, dass sie nur dann etwas wert sind, wenn sie sich durchsetzen können und keine Schwäche zeigen.

Dabei ist es doch gerade ein besonderes Zeichen von Stärke, wenn man auch einmal Schwächen zugeben kann, wenn man auch nachgeben und anderen helfen kann.

Das „Lied vom Starksein" thematisiert diese für Kinder und Eltern gleichermaßen wichtigen Überlegungen. Es kann Gespräche in Gang setzen über ein Thema, das ansonsten oft tabuisiert wird.

Sicherlich gibt es in der Gruppe auch Kinder, die sich als die Starken aufspielen und Wortführer sind, und es gibt immer auch solche, die eher schüchtern am Rande stehen und nicht viel sagen.

Im Gespräch sollten diese konkreten Situationen nicht direkt angesprochen werden, um die Betroffenen nicht bloßzustellen. Wohl aber können Situationen als Beispiel herangezogen werden, in denen sich Kinder „stark" verhalten haben, obwohl ihr Verhalten nach außen vielleicht auch hätte als Schwäche ausgelegt werden können (wenn Kinder z. B. nachgeben und beim Spiel einem anderen den Vortritt lassen).

In dem „Lied vom Starksein" werden Rollen, Personen und Situationen angesprochen, die im Gespräch aufgegriffen werden können: Sind Jungen oder Mädchen stärker? Ist es vielleicht auch so, dass die Jungen stärker scheinen wollen und dies den Mädchen nicht so wichtig ist? Wer ist dann wirklich stärker?

Woran zeigt sich eigentlich, ob jemand stark ist? An seinen Muskeln, an seiner Körpergröße, daran, wie viel er heben und tragen kann? An seiner Geschicklichkeit? Oder daran, was er schon alles kann, an dem, was er hat, welche Spielsachen er besitzt?

Welche starken „Typen" kennen die Kinder aus dem Fernsehen, aus Videofilmen, aus Lese- und Bilderbüchern? Sportler, Krimihelden, Politiker haben das Image, stark zu sein. Sind sie es immer oder nur dann, wenn sie sich in der Öffentlichkeit zeigen?

Wie ist es mit den Personen in der alltäglichen Umgebung? Wer ist denn da besonders stark? Der Lehrer, die Lehrerin, der Pfarrer, die Eltern, die Jungen?

Über solche Fragen, die nicht einfach zu beantworten sind, werden sich intensive Gespräche anschließen. Aber auch Erzieherinnen und Eltern werden nicht immer der gleichen Meinung sein. Vielleicht kann sich das Thema daher auch einmal bei einem Elternabend vertiefen lassen.

6.2 Spielideen für „starke" Kinder

„Sieger und Helden"

Wir spielen einen Fernsehhelden, einen Cowboy, einen Sportler auf dem Siegerpodest, in einer Siegerpose. Welche Körperhaltung zeichnet einen Sieger aus? Und wie könnte dann ein Verlierer dargestellt werden?

„Verkehrte Welt"

Rollenspiel: Zu zweit oder zu dritt sollen die Kinder eine kleine Spielszene vorbereiten, in der es anders als üblich zugeht. Die Personen sollen anders handeln, als man es von ihnen erwartet. Beispiele: Eine Verkäuferin, die nichts verkaufen will, ein Nachrichtensprecher, der ein Buch liest etc.

„Verkehrter Spiegel"

Zwei Kinder stehen sich gegenüber. Eines stellt zwar das Spiegelbild des anderen dar, es soll jedoch immer genau das Gegenteil von dem tun, was der andere ihm vormacht: Wird es groß, macht sich der Partner klein; zeigt es ein lachendes Gesicht, wird das andere traurig etc.

„Das tapfere Schneiderlein"

In dem Märchen vom tapferen Schneiderlein wird der Schwache zum Starken, weil er statt seiner Muskeln den Kopf zur Lösung von Problemen einsetzt. So kann er sogar einen Riesen durch seine Schläue besiegen. (Um seine Kraft zu beweisen, zerquetschte der Riese einen Stein, so dass Wasser aus ihm floss, das kleine Schneiderlein nahm stattdessen einen Käse ...)
Auch ein solches Märchen kann Anlass für Gespräche über das „Starksein" bieten.

6.3 Das „Lied vom Starksein"

Bevor das folgende Spiellied in Bewegung umgesetzt werden kann, muss bei den Kindern zuerst einmal darüber Einigung erzielt werden, wie man „Starksein" äußerlich demonstrieren kann. So kann man sich z. B. breitbeinig hinstellen und die Armmuskeln anspannen, einen ganz schweren Gegenstand pantomimisch anheben, einen Gewichtheber mimen.

Bei den betreffenden Strophen treten erst alle Jungen hervor, machen die „Starksein-Pose", dann alle Mädchen. Einzelne Kinder übernehmen die Rolle von Mutter, Vater, vom Frosch etc. Jeder sucht selbst aus, in welcher Form er das „Starksein" ausdrücken will.

Originaltonart: D♭

Stark sein, stark sein, al - le wol - len stark sein, sie

wol - len nicht aus Quark sein. Wil - le wul - le wab king kong.

Müs - sen nicht die Mus - keln sein o - der's Porte - mon -

naie. Stark sein kommt aus dei - nem Herz und

aus dem klei - nen Zeh. Stark sein, stark sein,

al - le wol - len stark sein, sie wol - len nicht aus

Quark sein und nicht aus Zu - cker - guss und

was kommt jetzt, ein star - ker Schluss.

1. Stark sein, stark sein,
   alle wollen stark sein,
   sie wollen nicht aus Quark sein.
   Wille wulle wap king kong.

2. Stark sein, stark sein,
   die Jungen wollen stark sein,
   sie wollen nicht aus Quark sein.
   Wille wulle wap king kong.

3. Stark sein, stark sein,
   die Mädchen wollen stark sein,
   sie wollen nicht aus Quark sein.
   Wille wulle wap king kong.

4. Stark sein, stark sein,
   der Papa, der will stark sein,
   denn der will nicht aus Quark sein.
   Wille wulle wap king kong.

5. Stark sein, stark sein,
   die Mutter, die will stark sein,
   denn sie will nicht aus Quark sein.
   Wille wulle wap king kong.

6. Stark sein, stark sein,
   sogar ein Frosch kann stark sein.
   Der kann ganz kräftig „Quark"
   schrein.
   Wille wulle wap king kong.

7. Müssen nicht die Muskeln sein
   oder's Portmonnaie,
   stark sein kommt aus deinem Herz
   und aus dem kleinen Zeh.

8. Stark sein, stark sein,
   alle wollen stark sein,
   sie wollen nicht aus Quark sein
   und nicht aus Zuckerguss!

Und was kommt jetzt?
Ein starker Schluss.

Weiterführung

1. Das Lied kann beliebig weitergedichtet werden. So können auch andere Personen, die für die Kinder aktuell eine besondere Rolle spielen, eingesetzt werden: z. B.:
… die Lehrer wollen stark sein …
… der Pastor, der will stark sein …
… der Hausmeister will stark sein …

2. Es können aber auch die Namen der Kinder aus der Gruppe eingesetzt werden:
Stark sein, stark sein,
die Luzia will stark sein,
sie will doch nicht aus Quark sein …

3. Der Text lässt sich auch mit den Kindern gemeinsam um weitere Strophen erweitern:

Stark sein, stark sein,
alle wollen stark sein.
Auch ich will richtig stark sein,
auch ich will nicht aus Quark sein.

Bin ich stark wie Superman
oder wie Kung Fu?
Bin ich stark wie Robin Hood
oder stark wie du?

Stark sein, stark sein,
alle wollen stark sein.
Sie wollen nicht aus Quark sein,
Superman, Kung Fu,
Robin Hood und du.

Donnerwetter, Groll und Grimm – Wo ist die Wut, wenn man wütend ist?

7

7.1 Bedeutung des Themas

Dieses Kapitel handelt von Gefühlen, von offenen und geheimen Wünschen, von Ängsten und Freuden. Gefühle werden ganz unterschiedlich empfunden: Mal wird einem vor Aufregung ganz schlecht, vor Angst fängt man an zu zittern, wenn man sich schämt, bekommt man einen roten Kopf. Wenn man wütend ist, ist der Körper ganz angespannt, und manchmal kann man vor Freude nicht mehr ruhig sitzen bleiben, muss aufspringen und einen Sprung in die Luft machen. Gefühle auszudrücken wird Kindern meist nur dann erlaubt, wenn diese positiver Art sind: Freude, Ausgelassenheit, Lust, Fröhlichkeit. Im Gegensatz zu Erwachsenen gesteht man Kindern noch zu, dass sie die Gefühle auch körperlich zeigen, vor Freude in die Luft springen oder fröhlich in die Hände klatschen. Sind sie dagegen traurig, wütend oder ängstlich, wird schon früh erwartet, dass sie diese Affekte unterdrücken, dass sie „sich beherrschen".

Unterdrückte Gefühle haben keine Chance, verarbeitet zu werden, sie bleiben im Inneren und verursachen manchmal somatische Beschwerden. Um das seelische Gleichgewicht wiederherstellen zu können, ist es wichtig, dass Kinder mit Gefühlen umgehen lernen. Emotionalität muss zugelassen werden, damit sie überhaupt ins Bewusstsein gelangt, um sie so erkennen und entsprechende Formen des Umgangs finden zu können.

Ein Gespräch in der Gruppe über Gefühle – angeregt durch die ErzieherInnen/LehrerInnen oder durch einen Anlass – kann zur Bewusstmachung beitragen:
Manchmal fühlt man sich traurig und manchmal froh. Dafür gibt es verschiedene Gründe.

- Welche Gefühle gibt es?
- Wie äußern sie sich?
- Welche Gefühle sind eher von außen sichtbar, welche bleiben eher im Inneren?

- Wo spürt man die Gefühle?
- Wie drücken wir die Gefühle aus?
- Kann man bestimmte Gefühle bereits an der Körperhaltung erkennen?

7.2 Spielideen zur Einführung

Über Gefühle zu sprechen fällt Kindern allerdings meist schwer; oft können sie nicht in Worte fassen, was sie innerlich bewegt. Besser gelingt es ihnen, nonverbal auszudrücken, wie es ihnen geht. In den folgenden darstellenden Spielen können die Kinder auch mit negativen Gefühlen umgehen lernen, indem sie sie nicht unterdrücken, sondern ausdrücken. Aufgestaute Gefühle können sich entladen und werden damit bearbeitet.

So können sie auch lernen, mit Aggressionen auf konstruktive Weise umzugehen, die Energie zu spüren, sie aber auch zum Positiven zu wenden.

Wir stellen einen Menschen dar, der
- traurig,
- ängstlich,
- lustig,
- wütend,
- träumerisch,
- ärgerlich

ist oder einen Menschen, der sich freut, der gerade eine gute Nachricht erhalten hat.

Durch das Nachspielen solcher Situationen und durch Rollenspiele, in denen das Kind sich mit Fantasiegestalten oder Tieren identifiziert, wird die Möglichkeit zur Verarbeitung innerer Konflikte gegeben. Auch sprachliche Ausdrucksformen helfen dabei:
Wie hört sich ein Mensch an, der
– fröhlich,
– zänkisch,
– weinerlich,
– wütend,
– erfreut ist?

Rollenspiele können auch mit einem Partner ausgeführt werden:
Dem Partner eine
– freudige Nachricht,
– traurige Mitteilung,
– innige Bitte,
– Drohung,
– ein schönes Geschenk (eine Überraschung)
überbringen.

„Grimassen raten"

Jeder Mitspieler darf sich eine Grimasse einfallen lassen. Er zeigt sie den anderen, und die sollen raten, was hinter der Grimasse steckt:

– ein finsterer Räuber,
– ein frecher Lausebengel,
– ein artiges, braves Kind,
– jemand, der eine saure Zitrone gegessen hat,
– jemand, der gerade ein Eis genießt,
– jemand, der sich gerade furchtbar geärgert hat.

Das „Grimassenspiel" kann dazu anregen, mit den Kindern über Gefühle wie Wut, Ärger, Angst zu reden. Dabei können folgende Fragen angesprochen werden:

▪ Was machst du, wenn du wütend bist?
▪ Als du das letzte Mal so richtig wütend gewesen bist – was hast du da gemacht?
▪ Wo sitzt die Wut? Wo spürt man sie am stärksten?

Die Kinder äußern sich: Sie verziehen das Gesicht zu einer Grimasse, ballen die Hände zu einer Faust, stampfen auf den Boden.

Wie kann man die Wut darstellen?
– Man kann sich hinwerfen,
– mit der Hand auf den Tisch hauen,
– schreien, schimpfen …

Die Wut sitzt zwar immer im Körper – aber sie äußert sich auch durch den Körper, in der Mimik, in Bewegungen.

7.4 Das „Wut-Lied"

In dem folgenden Lied wird ein Gefühl beschrieben, das jeder kennt, über das man aber selten nachdenkt. Entweder *ist* man wütend, dann ist das Gefühl so stark, dass man innerlich keinen „Platz" hat, an die Wut zu denken. Oder man ist *nicht* wütend, dann sieht man meist nicht die Notwendigkeit, sich darüber Gedanken zu machen.

Das Lied wird von den Kindern gehört, gesungen und in Bewegung umgesetzt. Die Wut wandert durch den ganzen Körper, die Kinder spielen, wie sie in den Händen „sitzt" und wie diese sich dann zu einer Faust ballen. Die Kinder bearbeiten die Erde mit den Füßen, sogar im Ellbogen kann die Wut versteckt sein, und dann durch Schlagen und Hauen der Ellbogen in die Luft zum Ausdruck kommen. Die Wut zeigt sich auch im Gesicht: fauchend wie ein Tiger, tobend und grollend sieht man aus, rauft sich die Haare, fletscht die Zähne …
Wird die Wut dann aus dem Körper herausgeschüttelt, gerüttelt, ist sie plötzlich weg!

Wo ist die Wut, wenn ich wü-tend bin, viel-leicht in mei-nen Hän-den. Ich bal-le sie zur Faust und peng, das wird noch bö-se en-den. Don-ner-wet-ter, Groll und Grimm, mei-ne Wut ist wirk-lich schlimm. Don-ner-wet-ter, Groll und Grimm, mei-ne Wut ist wirk-lich schlimm.

1. Wo ist die Wut, wenn ich wütend bin,
   vielleicht in meinen Händen?
   Ich balle sie zur Faust und – peng!
   Das wird noch böse enden.
   Donnerwetter, Groll und Grimm,
   meine Wut ist wirklich schlimm.

   Die Kinder ballen die Hände zur Faust, schlagen und boxen in die Luft.

2. Wo ist die Wut, wenn ich wütend bin,
   vielleicht in meinen Füßen?
   Ich stampfe, dass die Erde bebt,
   wer schräg kommt, der muss büßen!
   Donnerwetter, Groll und Grimm,
   meine Wut ist wirklich schlimm.

   Auf die Erde stampfen, treten und mit beiden Füßen auf den Boden springen.

3. Wo ist die Wut, wenn ich wütend bin,
   vielleicht in den Ellenbogen?
   Wenn mich was ärgert, wär' es jetzt
   zehn Meilen weit geflogen.
   Donnerwetter, Groll und Grimm,
   meine Wut ist wirklich schlimm.

   Den Ellenbogen anheben und in die Luft schlagen.

4. Wo ist die Wut, wenn ich wütend bin,
   vielleicht in meinem Gesicht?
   Ich bin wie ein Tiger, der faucht und tobt,
   so erkennt mich niemand nicht.
   Donnerwetter, Groll und Grimm,
   meine Wut ist wirklich schlimm.

   Wütende Grimassen schneiden, die Stirne runzeln, die Zähne fletschen, ganz böse dreinschauen.

5. Wo ist die Wut, wenn ich wütend
   bin,
   ich grübel hin und her.
   Mein Kopf, der qualmt, ich rauf
   mein Haar,
   und alles ist so schwer.
Donnerwetter, Groll und Grimm,
meine Wut ist wirklich schlimm.

*Sich die Haare raufen, den Kopf hin-
und herschütteln.*

6. Jetzt schau ich die Wut noch einmal an
   (und das ist ganz schön schwer),
   und ich rüttel' und ich schüttel'
   und ich rüttel' und ich schüttel'
   und ich schüttel' und ich rüttel'
   und dann spür' ich sie nicht mehr.
Donnerwetter, Groll und Grimm,
wo ist die Wut denn jetzt nur hin?

*Hände und Arme ausschütteln, den
ganzen Körper ausschütteln, den Ober-
körper nach vorne werfen, den Kopf
ausschütteln …*

Das Durchspielen der einzelnen Passagen des Liedes ist anstrengend und verlangt viel Energie und Kraft. Nach jeder Strophe kann während des Refrains eine kurze Entspannungsphase eingelegt werden. Das zuvor angespannte Körperteil wird locker gelassen. Am Schluss des Liedes setzen oder legen sich die Kinder meist ermattet hin und brauchen eine kurze Ausruh- und Entspannungszeit.

Diese Ruhephase kann eventuell auch sprachlich vom Erwachsenen begleitet werden: „Die ganze Wut ist weg, ihr habt sie rausgeschüttelt und spürt jetzt, wie es ruhig und friedlich in euch wird. Bleibt jetzt ganz ruhig liegen, schließt die Augen und ruht euch von dem anstrengenden Spiel aus".

Im Lande Nupitanien – Vom Sichbegrüßen und Sichkennenlernen

8.1 Bedeutung des Themas

Ein neues Schuljahr, ein neues Kindergartenjahr beginnt. Die neuen Kinder kommen in eine Gruppe oder Klasse, in der sie meist niemanden kennen. In jeder neuen Gruppe muss man sich gegenseitig zunächst einmal beschnuppern, sich kennen lernen, sich die Namen der Gruppenmitglieder einprägen.

Für die Kinder ist die unbekannte Umgebung zunächst verunsichernd. Meist schließen sie sich den Kindern an, die sie bereits aus der Nachbarschaft oder aus früheren Gruppen kennen. Sie trennen sich nicht gerne von alten Freunden, weil sie so wenigstens ein Stück Vertrautheit vorfinden. Wird das Sichkennenlernen, die Begegnung mit anderen zum Thema gemacht, sehen sie, dass es anderen Kindern genauso geht wie ihnen. Daraufhin fällt es leichter, auf andere zuzugehen und neue Kontakte zu knüpfen.

Auch für die ErzieherInnen und die LehrerInnen ist es nicht einfach, sich so viele Namen auf einmal zu merken. Die folgenden Spiele können daher auch für sie eine Hilfe sein. Sie machen das Sichkennenlernen zum Thema und können sowohl in Kindergruppen als auch bei einem Elternabend eingesetzt werden.

8.2 Spielideen für neue Gruppen

„Wem gehört der Ballon?"

Jeder Teilnehmer einer Gruppe hat einen Luftballon. Auf ihn schreibt er mit Filzstift (nicht-wasserlösliche Stifte verwenden) seinen Namen (oder nur den Anfangsbuchstaben), dazu malt er ein Merkmal, das für ihn typisch ist (eine Brille, einen großen Ohrring, einen gestreiften Pullover o. ä.). Die Ballons werden in die Luft geworfen und von allen Gruppenmitgliedern immer wieder in der Luft gehalten. Auf ein Signal hin schnappt sich jeder einen Ballon (nicht den eigenen) und soll nun anhand der Zeichnung den Besitzer finden.

Abschließend setzen sich alle in einen Kreis auf den Boden (oder in einen Stuhlkreis). Die Ballons werden jetzt an die jeweiligen Besitzer zurückgegeben, indem der Finder seinen Partner kurz vorstellt – auch mit dem beschriebenen Merkmal.

„Sich vorstellen"

Alle gehen im Raum umher. Wenn sich zwei Teilnehmer treffen, bleiben sie voreinander stehen, sagen, wie sie heißen, trennen sich wieder und gehen weiter (für ältere Kinder oder für Erwachsene).

Typische Gesten

Jeweils zwei Partner stehen sich gegenüber. Jeder stellt sich dem anderen mit seinem Namen und mit einer für ihn typischen Geste oder Gebärde vor (z. B. am Ohrläppchen spielen, die Hände in die Hosentaschen stecken). Danach treffen sich alle im Kreis, jeder stellt seinen Partner mit dem Namen und mit der entsprechenden Gebärde vor.

„Namen-Lotsen"

Zwei Teilnehmer bilden ein Paar. Einer der beiden schließt die Augen und nennt seinen Namen. Der andere entfernt sich und ruft ihn bei seinem Namen. Der Partner mit den geschlossenen Augen geht in seine Richtung und wird dabei durch Zuruf dirigiert. Der sehende Partner muss darauf achten, dass der Gerufene nirgendwo anstößt und auch nicht mit anderen zusammenstößt.

Natürlich hört man auch die anderen im Raum gerufenen Namen, nimmt sie wahr und ist darauf gespannt, anschließend die dazugehörenden Personen zu sehen.

„Gemeinsamkeiten finden"

Irgendetwas hat jeder mit jedem gemeinsam. Die Körpergröße, die Haarfarbe, ein Hobby, das Alter, die Brille oder die Farbe des T-Shirts. Die Erzieherin spielt eine Musikkassette, die sich zum Laufen oder Gehen eignet. Wird die Musik plötzlich unterbrochen, soll sich jeder einen Partner suchen, der
- die gleiche Haarfarbe hat,
- gleich groß ist,
- auch ein Junge oder ein Mädchen ist,
- ein Kleidungsstück in der gleichen Farbe wie man selbst anhat,
- auch eine Brille oder aber keine Brille hat,
- den gleichen Sport betreibt (bei älteren Kindern kann die Sportart auch pantomimisch dargestellt werden, so dass sich zwei Partner finden können),
- die gleiche Lieblingsspeise hat (auch diese lässt sich pantomimisch darstellen: Eis lecken, Spaghetti essen etc.).

„Begrüßungsspiel"

Zu einer rhythmischen Musik gehen alle kreuz und quer durch den Raum. Wird die Musik ausgestellt, begrüßen sich alle in einer vorher verabredeten Art:
– sich voreinander stumm verneigen,
– sich die Hand geben,
– sich die Füße „reichen" oder „Füße schütteln",
– mit den Ellenbogen aneinandertippen,
– sich gegenseitig am Ohrläppchen ziehen.

Das sind Begrüßungsformen aus verschiedenen fernen Ländern. Wer kennt noch ein Land, in dem eine andere Begrüßung üblich ist?

„Wir machen einen Ausflug nach Nupitanien"

In Nupitanien – das ist eine kleine Insel in einem unbekannten Meer – begrüßt man sich auf eine ganz besondere Art:

Man nickt sich zu, legt die Hände aneinander, stößt sanft die Fäuste zusammen, klopft sich mit der Schulter auf die Hand, tippt sich gegenseitig mit dem Finger auf die Nasenspitzen und stellt sich Rücken an Rücken.

8.3 „Begrüßungslied aus Nupitanien"

Auf dem Marktplatz von Nupitanien wird das Begrüßungslied gespielt. Alle TeilnehmerInnen gehen umeinander herum und probieren die verschiedenen Grußformen aus, die in dem Lied besungen werden.

69

Im Lan - de Nu - pi - ta - nien geht's nu - pi - ta - nisch her. Denn al - le Nu - pi - tan - ier gehn ger - ne kreuz und quer. Die Nu - pi - tan - ier wan - dern von ei - nem Ort zum an - dern und ste - hen da in Ruh' und ni - cken sich nur zu. Ich mit dir, du mit mir, ich mit dir, du mit mir. Das war ganz fa - mos, da lau - fen 'se wie - der los.

Im Lande Nupitanien
geht's nupitanisch her.
Denn alle Nupitanier
gehn gerne kreuz und quer.

1. Die Nupitanier wandern
   von einem Ort zum andern
   und stehen da in Ruh,
   und nicken sich nur zu.

2. Ich mit dir, du mit mir,
   ich mit dir, du mit mir.
   Das war ganz famos,
   da laufen'se wieder los.

Refrain: Im Lande Nupitanien ...

3. Die Nuptanier streben,
   wenn sie die Hand sich geben,
   aufeinander zu,
   genau wie ich und du.

4. Ich mit dir, du mit mir,
   ich mit dir, du mit mir.
   Das war ganz famos,
   da laufen'se wieder los.

Refrain: Im Lande Nupitanien ...

5. Die Nupitanier heben,
   jetzt ihre rechte Faust,
   und stumpen sich ganz sachte,
   denn kräftig sind sie auch.

6. Erst mit rechts,
   dann mit links
   Ja so geht's, ja so ging's.
   Das war ganz famos,
   da laufen'se wieder los.

Refrain: Im Lande Nupitanien ...

7. Die Nupitanier heben
   jetzt ihre linke Hand,
   berühren sich zum Friedensgruß
   im Nupitanierland.

8. Dann mit rechts,
   dann mit links.
   Ja so geht's, ja so ging's.
   Das war ganz famos ...

Refrain: Im Lande Nupitanien ...

9. Sie stehen voreinander,
   und einer klopft dem andern
   die Schulter mit der Hand,
   so wird man sich bekannt.

10. Erst mit rechts,
    dann mit links.
    Ja so geht's, ja so ging's
    Das war ganz famos …

Refrain: Im Lande Nupitanien …

11. Sie gehen sehr geruhsam
    und tun dabei nicht flitzen
    und tippen sich einander
    auf ihre Nasenspitzen.

12. Erst mit rechts,
    dann mit links.
    Das war ganz famos …

Refrain: Im Lande Nupitanien …

13. Was tun sie mit Entzücken?
    Sie reiben ihre Rücken
    sehr wohlig auf und nieder –
    jetzt tun sie es schon wieder!

14. Ich mit dir, du mit mir,
    ich mit dir, du mit mir.
    das war ganz famos …

15. Und jetzt in jedem Falle,
    da kennen sie sich alle
    und steh'n im Kreis am Ende
    und reichen sich die Hände.

16. Ich mit dir, du mit mir,
    ich mit dir, du mit mir.
    Das ist ganz famos,
    und keiner läuft mehr los.

Variation

Die Bewohner von Nupitanien freuen sich über Besucher ihrer Stadt. Jeder Besucher darf nämlich neue Grußformen mitbringen. Deswegen wird das Lied noch einmal gesungen, wobei ein paar neue Begrüßungsrituale vorgeschlagen und ausprobiert werden:

1. Die Nupitanier grüßen
   sich manchmal mit den Füßen.
   Auch da kann man was spüren,
   wenn Füße sich berühren.

2. Die Nupitanier schielen
   beim Stippevöttche* spielen,
   und stupsen Po an Po,
   und das geht nämlich so!

3. Ja, ja, die Nupitanier,
   weil allesamt was taugen,
   da stehn sie da und lächeln
   und schaun sich in die Augen.

---

* „Stippevöttchen spielen" = „Po stupsen"

Mitternacht auf Schloss Spukenstein – Wo die Angst das Gruseln lernt

9

9.1 Bedeutung des Themas

In diesem Kapitel stehen Moorhexen, Schlossgespenster, Waldfeen, Poltergeister und Vampire im Mittelpunkt. Es gibt „gute" und „böse" Geister, aber auch die „guten" wohnen an geheimnisvollen Orten, im dunklen Wald, auf einem alten Schloss oder im tiefen Moor. Sie tragen seltsame Kleidung, machen schaurige Geräusche und verbreiten eine unheimliche Stimmung.

Geister und Gespenster wecken bei Kindern ambivalente Gefühle: Einerseits sind jüngere wie auch ältere Kinder fasziniert von der spannungsvollen Atmosphäre, die das Thema umgibt, andererseits löst die Vorstellung, einem solchen unheimlichen Wesen zu begegnen, auch Angst aus. Vor allem, wenn es dämmert und dunkel wird, sind die Kinder für Spukgeschichten empfänglich. Und ist die Fantasie erst einmal für dieses Thema geweckt, entwickeln sich immer neue schaurigschöne Spielszenen.

Gespenster sind für Kinder auch deshalb so wichtig, weil sie etwas mit dem Unheimlichen zu tun haben, mit dem Unsichtbaren, dem Geheimnisvollen. Furcht und Faszination sind dabei eng miteinander verbunden.

Das Thema Gespenster motiviert die Kinder zum Rollenspiel: Sie verkleiden sich als Gespenst, produzieren schaurige Töne und Geräusche, feiern ein Gespensterfest … Die Identifikation mit der Gespensterrolle kann ängstlichen Kindern Gelegenheit geben, mit ihren Ängsten besser umzugehen. Wenn man schon selber einmal Gespenst war, fürchtet man sich nicht mehr so sehr vor den unheimlichen Fantasiegestalten. Unsichere Kinder spüren, dass sie in ihrer Rolle stark werden, dass sie auf andere Eindruck machen, diese sogar erschrecken können.

Sie lernen aber auch, dass das „Sich-Er-schrecken" zum Spiel gehört, dass es kein Zeichen von Schwäche ist, wenn man sich auch einmal von einem anderen Gespenst fürchtet.

Im Rollenspiel haben die Kinder viele Möglichkeiten, sich mit solchen ambivalenten Gefühlen auseinanderzusetzen. Hier erhalten sie auch Gelegenheit, verschiedene körperliche, sprachliche und stimmliche Ausdrucksformen auszuprobieren.

Darüber hinaus bieten die Rahmenbedingungen der Spiele viele Gelegenheiten, die Wahrnehmungsfähigkeit zu fördern: Da Gespenster nur in der Dunkelheit in Erscheinung treten, ist die visuelle Wahrnehmung, die uns im Alltag den Großteil aller Informationen liefert, eingeschränkt oder sogar ausgeschaltet. Bei dämmrigem Licht oder wenn die Augen geschlossen werden, treten der Hörsinn und die körpernahen Sinne in Aktion: man muss sich mit Hilfe des Tastsinns orientieren, das Gleichgewicht zu halten versuchen, Geräusche zuordnen und voneinander unterscheiden.

9.2 Spielideen für „kleine Gespenster"

In einem Gespräch tragen die Kinder zunächst einmal zusammen, welche Vermutungen, Befürchtungen, Fantasien und Kenntnisse sie mit Geistern und Gespenstern verbinden. Wie stellen sie sich die Gespenster vor, wo leben sie, welche Gespenster kommen in Geschichten und Märchen vor?

Bettlaken, Gardinen, durchsichtige große Tücher stellen die wichtigsten Requisiten beim Gespensterspiel dar. Mit ihnen gelingt die Verwandlung in Gespenster am schnellsten. Auch wer nicht mitspielt, wird erleben, wie sich die Stimmung in der Gruppe blitzschnell verändert, wenn nur einige Gespenster heulend und kreischend herumsausen.

Wie verändert die Gespenster-Verkleidung die Bewegungen? Gespenster schleichen, schweben, können manchmal sogar unsichtbar und damit auch lautlos werden. Gelingt es den Gespenstern, durch den Raum zu huschen, ohne dass man etwas von ihnen hört?

Gespenstertöne

Welche Geräusche machen die Gespenster? Um das herauszufinden, muss man mit der eigenen Stimme experimentieren: huhuhu …, hihihi … … huaaaaa; heulende, kreischende, zischende Laute erzeugen; die Ausdrucksmöglichkeiten der Stimme erproben; verschiedene Lautstärken ausprobieren. Wie hören sich die Gespenstertöne der anderen Mitspieler an? Empfindet man etwas anderes, wenn man die Geräusche mit geschlossenen Augen oder mit einem Laken über dem Kopf anhört?

Gespenstergeräusche

Nicht nur mit der Stimme kann man Geisterstimmung schaffen; Kettenrasseln, Knochengeklapper, Schlüsselklirren – auch solche Geräusche machen die Gespenster. Jedes Gespenst darf sich ein (einfaches) Instrument oder einen Gegenstand suchen, der sich – vor allem wenn er einzeln in der Dunkelheit zu hören ist – schauerlich anhört.

Geisterstunde

Wann wachen die Gespenster auf? Die „Geisterstunde" ist kurz. Die schlafenden Gespenster müssen gut zuhören, denn wenn die Kirchturmuhr zwölf schlägt (Gong oder Triangel), dann erheben sie sich aus ihren Gespensterbetten und geistern durch die Nacht. Zu viel Lärm dürfen sie nicht machen, damit sie den Glockenschlag um ein Uhr nicht verpassen. Die Geisterstunde ist dann vorbei und alle sinken wieder in ihre Betten.

Mit den Händen sehen

Zur Geisterstunde ist es immer dunkel. Daher müssen sich die Gespenster auch mit geschlossenen Augen gut im Raum orientieren können. Sie schleichen langsam und leise durch den Raum und versuchen zu erkennen, wo sie sich gerade befinden, indem sie sich mit den Händen vortasten. Anschließend dürfen die Augen zur Kontrolle geöffnet werden.

Geisterhöhlen

Aus Stühlen, Tischen und Decken wird eine Höhle gebaut. Hier können sich die Gespenster ausruhen oder bis zur Geisterstunde schlafen.

Geisterschloss

Gemeinsam kann auch ein großes Geisterschloss „Schloss Spukenstein" errichtet werden. Hier wohnen viele verschiedene Gespenster, Geister und Hexen, die sich jede Nacht um zwölf Uhr zum Gespensterfest versammeln.

Das Gespensterfest dauert von Mitternacht bis ein Uhr: Wild und ausgelassen tanzen die Gespenster, sie müssen in der einen Stunde alles nachholen und erleben, wozu Menschenkinder mindestens zwölf Stunden Zeit haben. Pünktlich um eins sinken sie dann in tiefen Schlaf.

9.3 Spiellied „Im Walde von Schloss Spukenstein"

In folgendem Gespensterlied kommen unterschiedliche Gespenster und Geister vor. Jedes Kind sucht sich aus, zu welcher Gespenstergruppe es gehören will: zu den
– Poltergeistern,
– Schlossgespenstern,
– Windgeistern,
– Moorhexen.

Die einzelnen Gruppen überlegen gemeinsam, wie ihre Verkleidung aussehen soll, durch welche Geräusche und welche Bewegungen sie ihre besondere Rolle hervorheben und sich von den anderen unterscheiden können.
In jeder Strophe des Liedes treten die vier Gespenstergruppen nacheinander einzeln auf. Sie stampfen, schweben, schleichen, pfeifen oder heulen, bis ihre Strophe zu Ende ist.

Dann tanzen alle Gespenster und Geister gemeinsam, sie machen einen großen Krach und pfeifen und heulen durcheinander.
Plötzlich schlägt es ein Uhr und die Geisterstunde ist vorbei.

Die abschließende Entspannungsphase sollte möglichst noch ein paar Minuten ausgedehnt werden. Die Lehrerin/ Erzieherin kann evtl. den Text der letzten Strophe noch einmal wiederholen und mit leiser, ruhiger Stimme die Entspannungsphase begleiten.

Die Zeilen der ersten Strophe werden gesprochen:

1. Im Walde von Schloss Spukenstein
   die Uhr schlägt zwölf, da heulen,
   in der rabenschwarzen Nacht
   nicht nur Schleiereulen.

rubato

Dm

Doch still, was ist das? War da was? Sind

A⁷ Dm

das vielleicht Gespenster? Da naht sich was und ist sehr still und

A⁷ Dm

klopft ganz leis' ans Fens - ter. Pssst! (tok tok tok tok) Drum

Dm

nix wie weg, so-lang's noch geht, jetzt hört man gar nichts

Gm Dm

mehr, doch da er - tönt schon wie - der was, es

A⁷ Dm Dm Am

kommt von un-ten her! (Poch Poch Poch) Im Kel-ler stampft und

Dm Am Dm

rum - pelt es, die Pol - ter - gei - ster nah'n. Die

Am Dm Am Dm

ma-chen aus Schloss Spu-ken-stein 'ne Pol-ter-gei-ster-bahn.

2. Doch still, was ist das? War da was?
   Sind das vielleicht Gespenster?
   Da naht sich was und ist sehr still
   und klopft ganz leis' ans Fenster.

gesprochen: Pssst ... da!
   Pssst ... wo?
   Pssst ... poch poch!
   Pssst ... aha!

Gespenstergestalten huschen leise durch den Raum.

3. Drum nix wie weg, solang's noch geht,
   jetzt hört man gar nichts mehr!
   Doch da ertönt schon wieder was,
   das kommt von unten her.
   Poch Poch Poch!

4. Im Keller stampft und rumpelt es,
   die Poltergeister nah'n.
   Die machen aus Schloss Spukenstein
   'ne Poltergeisterbahn.

Die Gruppe der Poltergeister stampfen und poltern herein.

5. Was ist das? Hey! Schon wieder was!
   Es schwabbeln Sumpf und Teich,
   die Moorhexen sind auch schon da,
   pass auf, du hörst sie gleich!

Die Moorhexen kichern und lachen.

6. Da plötzlich kommt was von weit her,
   heult durch die dunkle Nacht.
   In Saus und Braus, denn da sind die
   Windgeister aufgewacht.

   Mit wehenden Gewändern fliegen die Windgeister herbei; sie pusten und blasen und machen Windgeräusche.

7. Es poltert, kichert, heult und saust,
   hoi, hoi, die Nachtgespenster,
   Sie tanzen, dass die Erde bebt,
   da wackeln alle Fenster.

   Tanzende Nachtgespenster nähern sich, sie heulen und machen unheimliche Geräusche.

8. Moorhexen und Poltergeister sind's,
   Windgeister, Schlossgespenster.
   Sie tanzen, dass die Erde bebt,
   da wackeln alle Fenster.

   Alle Gespenster treten gemeinsam auf, sie wirbeln durcheinander und machen einen großen Gespensterlärm.

9. Doch dann ist der Gespenstertanz
   mit einem Mal vorbei.
   Die Uhr schlägt eins, und es ist
   Schluss
   mit der Gespensterei.

   Alle Gespenster sinken auf den Boden und bleiben ruhig liegen.

10. Sie gähnen und sie räkeln sich
    und sinken hin im Dunkeln.
    Sie klappen ihre Augen zu,
    und tausend Sterne funkeln.

    Die Gespenster gähnen und räkeln sich und schlafen ein.

gesprochen: Pssst ... da! Pssst ... wo?
Psssst ... Na da oben!
Pssst ... aha!

Variation

Auch zu diesem Lied können gemeinsam mit den Kindern Zusatzstrophen
gefunden werden. So passt zum Beispiel zum weißen Gespenstergewand
folgender Text:

Doch da, ein weißes Schlossgespenst,
man kann's ganz deutlich sehn.
Es schwebt auf Geisterflügeln ran,
heult schauerlich und schön.

Auf dem Karussell – Vom Schaukeln, Fliegen und Sichdrehen

10

10.1 Bedeutung des Themas

Zum ersten Mal aufrecht stehen, den Körper aufrichten und das eigene Gewicht so ausbalancieren, dass man nicht umfällt – dies ist für Kleinkinder eine gleichermaßen anstrengende Leistung wie wichtige Erfahrung. Zunächst ist ihr Gang noch breitbeinig, sie bewegen sich wie die Matrosen an Bord eines schwankenden Schiffes, damit sie im Gleichgewicht bleiben. Je breiter die Unterstützungsfläche, je stabiler die Basis ist, umso sicherer ist das Gleichgewicht zu halten.

Alle auf festem Boden lebenden Lebewesen müssen sich mit der Anziehungskraft der Erde und mit der Beschaffenheit des Untergrundes auseinander setzen. Die Voraussetzungen hierfür liefert das Gleichgewichtssystem. Es ist für die Aufrechterhaltung des Körpers und für die Orientierung im Raum verantwortlich. Es befähigt darüber hinaus den Organismus, Beschleunigungen und Drehbewegungen wahrzunehmen und sich darauf einzustellen.

Der Kampf mit dem Gleichgewicht geht deswegen auch noch das ganze Leben weiter. Für Kinder haben Gleichgewichtsspiele allerdings einen ganz besonderen Reiz.

Sobald die Kinder nämlich aufrecht gehen und selbstständig laufen können, haben sie ihren Spaß daran, das Gleichgewicht immer wieder aufs Spiel zu setzen. Sie suchen nach Grenzerfahrungen: Von einem Stein zum anderen springen, auf schmalen Bordsteinkanten balancieren, die höchste Sprosse des Klettergerüstes erreichen oder auf einem wackeligen Brett stehen zu bleiben versuchen – solche Situationen sind spannend und lustvoll zugleich. Sie stellen aber auch gute Gelegenheiten dar, den Gleichgewichtssinn zu üben und damit die Gleichgewichtsfähigkeit zu verbessern.

Interessant sind dabei nicht nur schwankende und wackelige Gegenstände, sondern auch Situationen, die die Lage des Körpers im Raum verändern: Sich um die eigene Achse drehen, immer schneller werden, stehen bleiben und spüren, wie sich die Welt – scheinbar – weiterdreht … auch die Drehbeschleunigung fordert den Gleichgewichtssinn heraus.

Fixiert man mit den Augen einen Punkt im Raum, kann der Drehschwindel reduziert werden. Kinder lieben es, den Taumel des Drehens bis zum Umfallen auszukosten. Deswegen gehören auf dem Jahrmarkt die Kettenkarussells oder – für die kleineren Kinder – die Figurenkarussells zu den besonderen Attraktionen.

10.2 Spielideen zum Schaukeln und Sichdrehen

„Kreisel"

Ein Spielzeugkreisel dient als Anschauungsobjekt: So lange er sich dreht, bleibt er aufrecht, also im Gleichgewicht. Werden seine Drehbewegungen langsamer und hören schließlich ganz auf, fällt er um.
Die Kinder spielen verschiedene Kreisel, die sich auf unterschiedliche Weise drehen können:
– im Sitzen auf dem Po mit angehobenen Beinen,
– im Stehen auf einem Bein,
– in der Bauchlage, dabei mit den Händen vom Boden abstoßen etc.

„Figuren werfen"

Jeweils zwei Kinder fassen sich an den Händen und drehen sich gemeinsam um die eigene Achse. Eines von beiden lässt nun los und wird weit in den Raum geschleudert. So wie es nun fällt, bleibt es reglos. In dieser Position gleicht man einer Figur, die in Stein gehauen oder in Bronze gegossen ist. Welchen Namen könnte man ihr geben?

„Wippen bauen"

Eine Wippe kann von den Kindern selbst gebaut werden:
- über ein Rohr wird ein Brett gelegt;
- ein Brett oder ein Rohr wird in die Schlaufe eines dicken, an der Decke oder einem Klettergerüst befestigten Taues eingehängt,
- eine Turnbank wird mit der Sitzfläche über einen kleinen Kasten gelegt.

Die Wippen können – je nach Stabilität – von mehreren Kindern gleichzeitig benutzt werden. So spüren sie beim Spiel am besten, was Gleich-Gewicht bedeutet.

Figurenkarussell

Die Kinder stellen sich vor, sie säßen auf einem Figurenkarussell. Jedes sucht sich eine Figur aus diesem Karussell aus: einen Elefanten, eine Kutsche, eine Giraffe etc.
Das Karussell dreht sich und die Figuren drehen sich mit. Plötzlich bleibt es stehen und die Figuren werden lebendig. Sie springen vom Karussell herunter und toben durch die ganze Stadt. Jedes Kind spielt die Figur, auf der es während der imaginären Karussellfahrt gesessen hat. Nach dem Ausflug kehren die Figuren wieder auf das Karussell zurück.

Kettenkarussell

Jeweils zwei Kinder fassen sich an den Händen und drehen sich. Sie finden verschiedene Formen des Karussell-Spiels:
z. B. sich mit über kreuz gefassten Händen drehen oder ein Partner bleibt stehen und dreht sich um die eigene Achse, den anderen hat er an den Händen gefasst und dreht ihn um sich herum. So wird der Schwung immer größer.

10.3 Spiellied „Karussell"

Das Spiellied „Karussell" eignet sich zum Abschluss einer Bewegungsstunde. Es kann sowohl von jedem Kind einzeln als auch in Kreisform durchgeführt werden. Die folgende Beschreibung knüpft an das auf Seite 87 vorgestellte Karussellspiel zu zweit an. Aus den vielen kleinen Karussells wird ein großes. Die Kinder stehen zu zweit und stellen sich auf der Kreisbahn auf.

Schau, ich bin ein Ka - rus-sell, dreh' mich um und um, mei - ne Ar - me flie - gen leicht rund um mich he - rum.

1. Schau, ich bin ein Karussell,
   dreh' mich um und um.
   Meine Arme fliegen leicht
   rund um mich herum.

   In Kreisaufstellung (ohne Handfassung)
   die Arme ausbreiten und sich um die
   eigene Achse drehen.

2. Schau, ich bin ein Karussell,
   drehe mich schon schneller.
   Meine Arme fliegen bald,
   schnell wie ein Propeller.

   Die Arme beim Drehen auf- und ab-
   bewegen.

3. Schau, ich bin ein Karussell,
   dreh' mich immer schneller
   auf dem großen Rummelplatz,
   schnell wie ein Propeller.

   Wie oben, aber immer schneller werden.

4. Schau, ich bin ein Karussell,
   lire, lare, lum.
   Doch am Ende, doch am Ende,
   kippt die Bude um.

   Langsamer drehen und sich auf den
   Boden sinken lassen.

10.4 Spiellied „Schaukelschiff"

Das folgende Spiellied hat einen beruhigenden gleichmäßigen Rhythmus. Es eignet sich ebenfalls als Lied zum Abschluss einer Bewegungsstunde, da es die Gruppe zusammenführt und sich auf minimale, elementare Bewegungen, die von jedem Kind ausgeführt werden können, beschränkt. Man kann es im Stehen oder im Sitzen ausführen, wichtig ist nur, dass alle Teilnehmer miteinander verbunden sind (z. B. im Kreis stehen, sich die Hände reichen, hintereinander stehen und sich die Hände auf die Schultern legen). Am schönsten ist es, wenn alle Kinder hintereinander sitzen, sich mit den Händen an den Schultern fassen und im Rhythmus des Liedes mitschaukeln.

G   H⁷

Das Schiff auf dem Meer schau - kelt hin und

Em   G   H⁷

her, schau - kelt hin und her, das Schiff auf dem

Em   G   H⁷   Em

Meer,_____ das Schiff auf dem Meer._____

G   H⁷

Als ob es ein Schiffs-schau - kel – Schau - kel - schiff

Em   H⁷

wär, so schau - kelt das Schau - kel - schiff

Em   G   H⁷   Em

hin und her, ja, hin und her,_____ ja,

G   H⁷   Em

hin und her._____

1. Das Schiff auf dem Meer
   schaukelt hin und her,
   schaukelt hin und her,
   das Schiff auf dem Meer,
   das Schiff auf dem Meer.

   Die Kinder sitzen hintereinander in einer Reihe und wiegen sich im Rhythmus des Liedes hin und her („schaukeln").

2. Als ob es ein Schiffschaukel –
   Schaukelschiff wär',
   so schaukelt das Schaukelschiff
   hin und her,
   ja, hin und her, ja, hin und her.

   Wie oben.

3. Und was auf dem Schiff ist,
   das schaukelt sehr.
   der Steuermann schaukelt,
   der Käpt'n noch mehr.

   Wie oben.

4. Und dem Käpt'n sein Kaffee
   schwappt vor und zurück,
   und er will einen Schluck,
   doch heut hat er kein Glück.

   Die Richtung der rhythmischen Bewegungen ändern: Nach vorne und nach hinten schaukeln.

5. Potz Donner und Doria,
   Schimmel und Teer,
   er stampft, als ob er der Klabautermann wär'.

   Mit der Faust auf den Boden schlagen.

6. Die Matrosen singen: Aloa he,
   und winken dabei
   mit dem großen Zeh.
   Aloa he, aloa he.

   Ein Bein anheben und mit dem Fuß oder dem Zeh winken.

7. Und sie hören, wie ferne
   die Seejungfrau singt,
   dass es Mann und Maus
   tief ins Herz hinein dringt.

   Sich gemeinsam hin- und herwiegen.

8. Und die Möwen,
   die lachen dem Schiff hinterher,
   und so schaukelt das Schaukelschiff
   über das Meer.

   Wie oben.

9. Und die Möwen,
   die lachen dem Schiff hinterher,
   und ist es verschwunden,
   dann sieht man's nicht mehr.

   Die Schaukelbewegungen werden langsamer, behutsam lehnt sich jedes Kind an die Schulter oder den Rücken eines anderen und bleibt ruhig sitzen bzw. liegen.

10.5 Konzentrations- und Ruhespiele

Die Kinder sitzen paarweise hintereinander auf dem Boden. Das vordere Kind hat die Augen geschlossen, das andere lässt es auf dessen Rücken „regnen" (mit den Fingerkuppen auf den Rücken klopfen); die Regentropfen werden mal stärker, mal schwächer.
Eventuell kann das vordere Kind ansagen, ob es einen starken Regenschauer, Nieselregen oder Sonnenschein (Rücken mit flachen Händen ausstreichen) wünscht. Das hintere muss entsprechend darauf reagieren.

Wetterkarte
(ein Massagespiel für jeweils zwei Kinder oder zwei Erwachsene)

Zwei Kinder sitzen hintereinander, eines schließt die Augen. Die Erzieherin/Lehrerin spielt die Tagesschausprecherin, die „das Wetter morgen" ankündigt. Die „Wetterkarte" wird auf dem Rücken des vorderen Partners aufgemalt.

„Im ganzen Land wird es morgen regnen, *Leichtes Trommeln mit den Fingerkuppen auf den Rücken des Partners,*

zuerst wird es ein ganz leichter Nieselregen sein,

dann kann es hin und wieder auch einen größeren Schauer geben, *festeres Klopfen mit den Fingerspitzen,*

mittags kommt dann aber die Sonne heraus, *sanft über den Rücken streicheln,*

sie breitet sich immer mehr aus,

scheint zuerst im Norden *am Nacken beginnen,*

und wandert dann auch in den Süden, *auf den ganzen Rücken ausdehnen,*

am Nachmittag wird es dann örtliche *leichtes Trommeln mit den Fäusten,*
Gewitter geben,

es weht ein starker Wind, *auf den Rücken pusten,*

der auch in einen Sturm übergehen *festes Pusten mit Geräuschen,*
kann,

in einigen Gegenden kann es auch donnern *festes Trommeln mit den Fäusten,*

und sogar blitzen, *mit einer Fingerspitze „pieksen",*

am Abend gibt es dann Hagelschauer, *festes Trommeln mit den Fingerkuppen,*

die im Lauf der Nacht wieder in leichten Regen übergehen, *Fingerkuppen trommeln ganz schnell,*
und sanft,

an den folgenden Tagen wird dann *leichtes Streicheln über den ganzen*
aber voraussichtlich im ganzen Land *Rücken.*
die Sonne scheinen.

Danach: Rollenwechsel

Vorhang auf und Bühne frei – Von Clowns und Zirkusartisten

11.1 Bedeutung des Themas

Kommt ein Zirkus ins Dorf oder in die Stadt, ist er ein beliebtes Ausflugsziel von Familien mit Kindern. Auch wenn im Fernsehen regelmäßig perfekte Zirkusshows zu sehen sind, herrscht in einem echten Zirkus doch eine weitaus intensivere Spannung. Der Geruch der Tiere, das Zirkuszelt, die bunten Kostüme der Artisten und die mitreißende Musik vermitteln eine ganz besondere Atmosphäre. Noch Wochen später spielen die Kinder nach, was sie im Zirkus erlebt haben. Ein solcher situativer Anlass kann den Anstoß zu einem Projekt geben, bei dem über einen längeren Zeitraum hinweg der Schwerpunkt der Kindergartenarbeit auf Aktivitäten rund um den Zirkus gelegt wird. Aber auch ohne diesen konkreten Anlass können über Bilderbücher, Fotos oder Bilder Erinnerungen an einen Zirkus, geweckt oder Vorstellungen hervorgerufen werden.

Kaum eine andere Spielsituation ist so komplex und ermöglicht so unterschiedliche Rollen wie das Spiel der Artisten, Clowns, Zirkusdirektoren, Raubtierdompteure etc. Den Höhepunkt und Abschluss des Projektes kann die Inszenierung einer Zirkusvorstellung sein, bei der alle Kinder mit unterschiedlichen Aufgaben einbezogen sind.

Bereits bei der Vorbereitung einer Zirkusvorstellung müssen Schilder gemalt, eine Manege gebaut, Zirkusrequisiten zusammengetragen werden. Auch bei der Aufführung werden viele Helfer gebraucht: Neben den Akteuren gehören dazu auch Ansager, Zirkusdirektoren, Kassierer. Die Clowns müssen geschminkt, die Zirkuskulissen verändert werden. Ein „Orchester" mit Trommel oder Tamburin kann die einzelnen Auftritte einleiten oder abschließen. So findet sich für jedes Kind eine passende Rolle, nicht alle Kinder müssen als aktive Artisten auftreten.

Auch weniger mutige und motorisch weniger geschickte Kinder finden so eine wichtige Aufgabe und können an der Aufführung mitwirken.

Sprachliches und körperliches Ausdrucksvermögen, motorische Geschicklichkeit, Fantasie, Konzentration und soziale Anpassung werden durch das Zirkusspiel, das immer auf die Zusammenarbeit der Gruppe angewiesen ist, gefördert. Die Zirkusauftritte können die Selbstsicherheit der Kinder erhöhen und das Vertrauen in die eigenen Fähigkeiten stärken.

11.2 Spielideen für „kleine Artisten"

Welches Kind war schon einmal in einem Zirkus und kann erzählen, was es dort zu sehen und zu erleben gibt? Kinder erinnern sich meist an Tierauftritte, an die Clowns und die Akrobaten, wenn sie das Stichwort „Zirkus" hören.

Für das Zirkusspiel wird zunächst einmal Material bereitgestellt, mit dessen Hilfe einige Zirkusszenen ausprobiert und geübt werden: Tücher zum Jonglieren, ein dickes Tau zum Balancieren, ein Reifen, durch den ein Tiger springen kann, einen Hut für den Zirkusdirektor ... Die Kinder wählen selbst aus, welche Rollen sie übernehmen wollen. Die Erzieherin hilft bei der Auswahl der Rollen und Themen und gibt Anregungen, wie die Szenen gestaltet werden können. So kann sie gemeinsam mit den Kindern nach weiteren Zirkusutensilien suchen (beispielsweise einen Schirm für die Seiltänzer oder eine Matte für die Kunststücke der Clowns).

Sofern dies von den Kindern gewünscht wird, kann jeweils eine kleine Gruppe auch ein Kunststück vorstellen oder eine Zirkusnummer vorführen.

Folgende Zirkusszenen eignen sich gut für das improvisierte Zirkusspiel:

Tierdressur

Für Kinder sind Tiernummern am einfachsten darzustellen. Die Tiere haben typische Bewegungsformen, bereits mit wenig Material können typische Raubtierszenen oder Dompteurbeispiele erprobt werden.

Die *Elefanten* sind an ihrem Rüssel (mit den Armen darstellen) und an ihrem schwerfälligen, stampfenden Gang zu erkennen. Sie heben ihre Rüssel, „trompeten" und stehen für kurze Zeit auf den Hinterbeinen. Trotz ihrer Schwerfälligkeit schaffen sie einige Kunststücke, wie z. B. auf einem Bein stehen oder sich im Kreise drehen.

Viel wendiger und schneller bewegen sich die *Tiger*. Sie schleichen leise und sehen ganz gefährlich aus: Sie fauchen und knurren, drohen mit ihren Tatzen. Bei einer Raubtiernummer balancieren sie über eine umgedrehte Bank und springen durch einen vom Dompteur gehaltenen Reifen.

Seiltänzer und Akrobaten

Die Drahtseilartisten üben auf einem am Boden liegenden Tau: Sie gehen vorwärts und rückwärts über das Seil, versuchen einen Durchgang mit geschlossenen Augen. Um das Gleichgewicht zu halten, tragen sie mit beiden Händen eine Stange waagerecht vor sich.

Balancieren kann man aber nicht nur auf Gegenständen, man kann auch die Gegenstände selbst im Gleichgewicht halten. So lassen sich Luftballons auf Papprollen oder Pappteller auf Stäben jonglieren.

Clowns und Jongleure

In einer Zirkusvorstellung treten manchmal auch Menschen mit übernatürlichen Kräften auf. So z. B. ein *starker Mann*, der ein riesengroßes und schweres Gewicht (einen Besenstiel, an dessen Enden jeweils zwei Styroporkugeln stecken) hochstemmen kann. Die Kinder müssen durch ihre Mimik und Gestik ausdrücken, wie schwer das Gewicht scheinbar ist: Vor Kraft können sie kaum gehen. Sie zeigen ihre Muskeln und stemmen das imaginäre zentnerschwere Gewicht mit viel Stöhnen und Ächzen nach oben. Natürlich können die „stärksten Männer der Welt" auch von Mädchen gespielt werden.

Nicht so einfach zu spielen sind die *Clowns*. Motorische Ungeschicklichkeit will – sofern sie lustig wirken soll – geübt sein. Der Clown stolpert, fällt hin, schneidet Grimassen, ist tieftraurig oder freut sich über die kleinsten Dinge. Ein Clown wirkt auch durch sein Äußeres: Ein geschminktes Gesicht, Schuhe in Erwachsenengröße, eine Spielzeugtrompete gehören zu den wichtigen

Utensilien, die die Übernahme der Rolle erleichtern.

Zu einer richtigen Zirkusvorstellung gehört auch ein *Jongleur*. Das Jonglieren mit Bällen oder Ringen ist für jüngere Kinder allerdings meist noch zu schwer, leichter ist das Werfen und Fangen von Chiffontüchern, die durch ihr geringes Gewicht lange in der Luft schweben und durch ihre bunten Farben dabei für die Akteure selbst, aber auch für die Zuschauer, schön anzusehen sind.

Zu den verschiedenen Szenen können unterschiedliche Formen der Begleitung gewählt werden: z. B. ein Trommelwirbel, um die Zuschauer auf die Höhepunkte vorzubereiten.

Zu einer Zirkusvorstellung gehört unbedingt eine Manege, die die Akteure von den Zuschauern trennt und die den Raum für die Präsentation eingrenzt. So kann z. B. ein Teil des Gruppen- oder Bewegungsraumes mit Bänken, Hockern oder mit Schuhkartons abgeteilt werden.

11.3 Spiellied „Vorhang auf – Manege frei"

Das folgende Spiellied beschreibt Szenen einer Zirkusvorstellung, die einerseits als Anregung für das freie Spielen der Kinder dienen können, andererseits kann das Lied aber auch den Rahmen für eine Aufführung vor Eltern oder anderen Kindergruppen bilden. Die einzelnen Szenen und Zirkusnummern werden von den Kindern eingeübt und dann dem Publikum präsentiert.

Zwischen den Strophen ist während des Refrains („Vorhang auf und Bühne frei …") genügend Zeit für den Wechsel der Gruppen.

Vorhang auf und Bühne frei,
Jubel, Klatschen und Geschrei.
Täterätä, Tschingbumm, und dann
ist die erste Nummer dran.

1. Die Elefanten trotten herein,
   dreh'n sich auf der Stelle,
   so von ganz allein.
   Steh'n auf einem Bein jetzt,
   kriegen viel Applaus.
   Die Elefanten
   trotten hinaus.

Die Gruppe der Elefanten trottet lang-
sam und bedächtig herein.
Sie drehen sich um die eigene Achse,
versuchen, auf einem Bein zu stehen
und gehen wieder hinaus.

Vorhang auf …

2. Kommen die Tiger fauchend herein,
   drohen mit den Tatzen,
   knurren, fauchen, schrein.
   Springen übers Feuer,
   kriegen viel Applaus,
   die wilden Tiger
   schreiten hinaus.

Die Tiger kommen in die Manege. Da-
bei fauchen und knurren sie und ma-
chen ein gefährlich aussehendes Gesicht.
Sie schleichen behände und springen
über einen auf dem Boden liegenden
Hügel roter Tücher (das Feuer).
Majestätisch schreiten sie wieder
hinaus.

Vorhang auf …

3. Dann kommen die Alonsos,
   so stark wie tausend Mann,
   weil jeder von den Kerlen,
   Ketten sprengen kann.
   Sie stemmen dreizehn Zentner,
   kriegen viel Applaus,
   sie zeigen ihre Muskeln,
   gehn schwergewichtig raus.

Vorhang auf …

Die starken Männer treten herein. Sie lassen ihre Muskeln spielen, zeigen ihre Armmuskulatur.
Sie tun so, als ob sie ein schweres Gewicht hochstemmten und schaffen es schließlich nach mehreren Versuchen, das Gewicht nach oben zu drücken.
Breitbeinig und kraftstrotzend verlassen sie die Manege.

4. Dann kommen die Pferde,
   trap di trap di trap,
   schütteln ihre Mähnen,
   laufen im Galopp,
   dreh'n sich um sich selber,
   kriegen viel Applaus,
   dann traben die Pferde
   wieder hinaus.

Vorhang auf …

Die Pferde traben herein. Sie bäumen sich auf und schütteln ihre Mähnen, drehen sich um die eigene Achse und traben wieder hinaus.

5. Jetzt kommt Martha Flic Flac,
   mit ihrem Zauberhut,
   aus dem sie Hokuspokus
   zwei Tücher zaubern tut.
   Macht bunte Luftfiguren
   und kriegt viel Applaus.
   Sie macht einen Knicks,
   dann wirbelt sie hinaus.

Vorhang auf …

Eine Zauberin tritt auf mit einem großen schwarzen Hut. Aus ihm zieht sie zwei Chiffontücher und bewegt sie mit großen Schwüngen auf und ab.
Die Zauberin verabschiedet sich mit einem tiefen Knicks.

6. Schau nur, schau, was ist das?
   Da wird ein Seil gespannt,
   darauf tanzt Dolores,
   schön und elegant.
   Spannt jetzt einen Schirm auf
   und kriegt viel Applaus.
   Sie verneigt sich lächelnd,
   dann tänzelt sie hinaus.

Eine Artistin balanciert auf einem auf dem Boden liegenden Seil. Sie spannt einen Schirm auf und benutzt ihn zum Ausbalancieren des Gleichgewichts.

Vorhang auf …
… ist die letzte Nummer dran!

7. Kommen die Clowns,
   die machen lange Nasen,
   watscheln wie ein Pinguin,
   hüpfen wie die Hasen,
   können balancieren,
   auf dem Wäscheseil,
   kriegen viel Applaus,
   landen auf dem Hinterteil.

Die Clowns hüpfen bzw. watscheln in die Manege. Sie legen eine Wäscheleine auf den Boden und versuchen, auf ihr zu balancieren. Immer wieder verlieren sie dabei das Gleichgewicht und fallen hin.

8. Jubel, Klatschen und Geschrei,
   alle waren mit dabei.
   Täterätä und viel Applaus.
   Vorhang zu. Das Spiel ist aus.

Alle Akteure kommen noch einmal in die Zirkusmanege und verneigen sich vor dem Publikum.

Auf dem Indianerpfad – Einmal richtig Indianer sein

12.1 Bedeutung des Themas

Einmal richtig Indianer sein – nicht nur im Karneval und nicht nur sich als Indianer verkleiden, richtig Indianer spielen, mit Indianerzelten, mit Lagerfeuer, mit Spurensuche, mit Kriegstanz und einem Totempfahl und was sonst noch dazugehört.

Das Thema „Indianer" beschäftigt Kinder meist längerfristig. Dabei werden verschiedene Zugangsmöglichkeiten für die Bearbeitung des Themas gewählt. Durch Bilderbücher, Geschichten und Filme können sie etwas vom Alltagsleben und den Lebensgewohnheiten der Indianer erfahren, sich dabei auch mit deren Kultur auseinander setzen, von ihren Lebensweisheiten lernen.

So kann die Erzieherin mit den Kindern gemeinsam überlegen, wie und wo die Indianer leben, welche Namen sie haben, wie sie sich zwischen verschiedenen Indianerstämmen verständigen, welche Schriftzeichen sie benutzen und welche Feste sie feiern. Diese Sachinformationen sollen hier nicht weiter vertieft werden, sie können der Erzieherin jedoch viele Ideen für Spielaktivitäten liefern und den Kindern den Sinnzusammenhang des Spiels erkennbar machen.

Im folgenden werden einige Ideen beschrieben, die Bestandteil eines Projektes zum Thema „Indianer" sein können.

12.2 Spielideen für „kleine Indianer"

Indianerspiele sind mit vielen Verkleidungen, Malaktionen, Musikimprovisationen, Bewegungs- und Tanzritualen verbunden. Als Einstieg ist sicherlich das Äußere der Indianer von Bedeutung. Der Kopfschmuck, die Kriegsbemalung, die Kleidung wecken das Interesse und führen dazu, dass Kinder sich in kurzer Zeit mit der Indianerrolle identifizieren.

Indianerkleidung

Wie sehen Indianer aus, was tragen sie als wichtigstes äußeres Zeichen? Stirnbänder werden hergestellt, indem z. B. ein buntes Chiffontuch um den Kopf gebunden oder ein Streifen aus Pappkarton bunt bemalt und mit einer Feder geschmückt wird. Viele bunte Wäscheklammern können an den Ärmeln eines T-Shirts befestigt werden.

Totenpfähle

Große Pappröhren (aus dem Teppichboden-Handel) werden mit Abtönfarben bemalt und als Totempfähle aufgestellt.

Indianer-Namen

Jedes Kind sucht sich einen Indianernamen aus: „Leise Wolke", „Kleiner Bär", „Rasender Pfeil". – Was passt zu mir, welchen Namen würde ich gerne tragen, wenn ich ein Indianerkind wäre?

Indianertänze

Trommeln selber herstellen: Waschmitteltonnen bemalen, mit Plastikfolie oder mit Lederresten bespannen (mit Klebeband befestigen). Mit den Fingerkuppen oder mit der flachen Hand darauf trommeln. Zur Trommelbegleitung tanzen die Indianer.

Wie bewegen sich die Indianer?

Indianer müssen schleichen können – lautlos und vorsichtig, durch den Urwald und durch hohes Gras – niemand soll etwas hören! Um auf Bäume zu kommen, müssen die Indianer auch gut klettern können. Auch Balancieren ist wichtig, wenn sie z. B. über eine schmale Brücke einen Fluss überqueren sollen. Klettern und Balancieren kann man auch im Bewegungsraum üben.

Spurensuche

Im Freien „Spuren" auslegen (Federn, Stoffstücke, Kieselsteine einer bestimmten Sorte). Eine Gruppe legt die Spuren, die anderen versuchen, die Spuren zu finden und ihnen nachzugehen.
Oder: zwei Indianerstämme: Die „roten Hosen" legen die Spuren, die die anderen finden sollten.

Sich im Dunkeln orientieren

Indianer haben kein elektrisches Licht und müssen sich daher auch im Dunkeln gut orientieren können. Also: Mit geschlossenen Augen von einem Partner durch den Raum geführt werden, sich orientieren: Wo befindest du dich jetzt? Durch Abtasten der Einrichtungsgegenstände zu erkennen versuchen, wo man sich befindet.

Indianerpfad

Raumorientierung muss auch ohne taktile Kontrolle möglich sein. Ein Weg kann auch ohne Augenkontrolle zurückgelegt werden. So kann man einen Indianerpfad herstellen: Verschiedene Materialien auf den Boden auslegen: Seile, Bierdeckel, Schaumstoffwürfel … Jedes Kind soll versuchen, mit geschlossenen Augen über den Weg zu gehen. Wenn kein „Geröll" mehr zu spüren ist (der Weg kann auch mit Seilen gekennzeichnet sein – Schlangen am Rande des Weges), ist der Weg zu Ende.

Indianer-Kim

Unter einem Tuch sind verschiedene Gegenstände versteckt, die die Indianerkinder aus dem Urwald mitgebracht haben: Tannenzapfen, Moos, Steine, Eicheln, Federn, Lederstücke. Mit geschlossenen Augen herausfinden, um welche Gegenstände es sich handelt.

Den „Häuptling wecken" (Fangspiel)

Der Häuptling liegt auf dem Boden und „schläft". Die Indianerkinder versuchen, ihn mit einer Feder wachzukitzeln. Sie schleichen sich so nah wie möglich an den Häuptling heran, ohne dass er etwas davon bemerkt.

Bachüberquerung

Auf dem Boden verteilt liegen Bierdeckel. Sie stellen Steine dar, auf denen man einen flachen Fluss überqueren kann. Alle versuchen, von einer Raumseite auf die andere zu kommen, ohne dabei den Boden zu berühren (trockenen Fußes den Fluss überqueren).

Zelte bauen

Zelte werden aus im Raum verteilten Bettlaken gebaut. Sie bilden Rückzugsecken und Verstecke, dienen als Unterschlupf oder als Aufbewahrungsort für gesammelte Schätze. Richtige Indianerzelte (Tipis) kann man am leichtesten draußen aufbauen (aus langen, gegeneinander gesteckten Stangen ein Untergestell herstellen, das mit einem großen Tuch bedeckt wird).

Duftquellen finden

Indianer haben eine „gute" Nase. Auch das Riechen kann trainiert werden. Z. B. Duftquelle finden: An einer bestimmten Stelle des Raumes werden Räucherstäbchen oder eine Duftlampe aufgestellt. Die Kinder betreten nacheinander den Raum und versuchen herauszu„riechen", wo die Duftlampe steht. Wenn sie sie gefunden haben, setzen sie sich vorsichtig und leise daneben und warten, bis alle bei der Duftquelle angekommen sind.

Indianerfüße schleichen, spüren, fühlen

Indianer sitzen auf der Erde, sitzen ums Feuer, schlafen auf der Erde. Sie brauchen dazu keine Stühle, keine Bänke, kein Sofa und keinen Sessel. Wenn sie von der Erde aufstehen und auf der Erde gehen, haben sie Schuhe, die ihre Füße schützen und mit denen sie trotzdem den Boden spüren können. Diese Schuhe sind wie eine zweite Haut, man nennt sie Mokassins. In diesen Schuhen können sie ihre Füße geschmeidig aufsetzen.

Mit ihren Füßen fühlen die Indianer die Erde. Ist da Sand, sumpfige Erde oder fester Boden, liegen da Kiesel oder größere Steine, Zweige, Äste oder was ist sonst im Weg? Gerade in unwegsamem oder unbekanntem Gelände ist dieses Fühlen mit den Füßen sehr wichtig. Und natürlich auf der Jagd und bei Dunkelheit. Dann entscheiden oft die Füße, ob man vorwärts kommt oder nicht.

Beim Schleichen kommt es auch darauf an, dass keine Geräusche entstehen und keine Spuren hinterlassen werden.

Die Teile des Fußes, die am besten fühlen können, sind die Zehen und der Ballen. Beim Schleichen setzt man die Zehen und den Ballen zuerst auf und rollt dann zur Ferse hin ab. Mit der ersten Strophe des folgenden Indianerliedes kann man den Fuß-Fühlgang der Indianer gut üben.

12.3 „Indianerlied"

Das folgende Lied kann in Gruppen gespielt werden: Eine Gruppe stellt die Indianer dar, die sich leise und lautlos bewegen, die andere Gruppe spielt die Büffelherde. Sie tritt allerdings nur in einem Teil des Liedes in Aktion.

Um Möglichkeiten zum Verstecken, Umherschleichen und Ausruhen zu geben, können im Raum verteilt Tische, Kästen, Matten aufgebaut werden. Sie stellen die in dem Lied besungenen Bäume und Büsche dar, hinter denen sich die Indianer verbergen, oder das Lagerfeuer, um das die Indianer tanzen und an dem sie schließlich einschlafen.

Ei ja hu, ei ja hu, – ei ja hu, a ei ja.

Ei ja hu, ei ja hu, – ei ja hu, a ei ja.

Da knackt kein Ast,— der Wald bleibt still, wenn die In - dia - ner schlei-chen. Auf lei - sen Soh - len, Ze - hen - spitz,— woll'n sie ihr Ziel er - rei - chen.

1. Da knackt kein Ast,
   der Wald bleibt still,
   wenn die Indianer schleichen.
   Auf leisen Sohlen, Zehenspitz',
   woll'n sie ihr Ziel erreichen.

Die Gruppe der Indianer schleicht auf Zehenspitzen um im Raum aufgestellte Hindernisse.

Ei ja hu, ei ja hu,
ei ja hu ei ja.

2. Sie sind ganz still
   und ducken sich
   in Winkeln und in Hecken.
   Sie sind so still wie Baum und Busch
   und luchsen um die Ecken.

Sich hinter den Hindernissen verstecken, sich beim Schleichen klein machen.

Ei ja hu, ei ja hu,
ei ja hu ei ja.

3. Dann kommen sie ins Grasland.
   und
   sie spähen, und sie lauschen.
   Sie hör'n den Rabenschrei im Wind,
   ein Donnern und ein Rauschen.

Spähen und Lauschen durch Gesten und Bewegungen andeuten.

Ei ja hu, ei ja hu,
ei ja hu ei ja.

4. Der weiße Büffel zieht durch's
   Land,
   sie hör'n schon seine Herde,
   und tausend Hufe donnern laut,
   da bebt die ganze Erde.

Die Gruppe der Büffel läuft schnell und polternd an den Indianern vorbei.

Ei ja hu, ei ja hu,
ei ja hu ei ja.

5. Sie sind die Söhne der Prärie
und sind so stolz und frei,
und da ertönt sehr laut und hell
der Büffeljägerschrei.

Die Indianer kommen aus ihren Ver-
stecken hervor, lassen einen lauten
Jagdschrei ertönen.

Ei ja hu, ei ja hu,
ei ja hu ei ja.

6. Jetzt stehen sie, dann tippen sie
ganz sachte mit den Zehen.
Sie werden alle morgen früh
den Weg des Jägers gehen.

Vorsichtig schleichen, indem die Füße
mit den Ballen zuerst und dann erst
mit der Ferse aufgesetzt werden.

Ei ja hu, ei ja hu,
ei ja hu ei ja.

Tipp tap, tip tap, tip tap
tap tap tap.
Tipp tap, tip tap, tip, tap
tapa tapa tap!

7. So tanzen sie den Büffeltanz
herum ums Lagerfeuer,
und schwingen ihre Hände hoch
und freu'n sich ungeheuer.

Die Indianer tanzen wild und aus-
gelassen ums Lagerfeuer (eine Matte
o. ä., die in der Mitte des Raumes aus-
gelegt ist).

Ei ja hu, ei ja hu,
ei ja hu ei ja.

8. Da knackt kein Ast,
   der Wald bleibt still,
   wenn die Indianer schleichen.
   Auf leisen Sohlen, Zehenspitz'
   woll'n sie ihr Ziel erreichen.

Noch einmal schleichen die Indianer in die dunkle Nacht …

Ei ja hu, ei ja hu,
ei ja hu ei ja.

9. Dann sitzen sie am Feuer still
   und lauschen in die Nacht
   und rollen sich zum Ausruhn ein,
   haben kein Geräusch gemacht.

… und legen sich dann leise zum Ausruhen ans Lagerfeuer (auf die Matte).

Ei ja hu, ei ja hu,
ei ja hu ei ja.